IDEATOPICA

아이디어토피카

TOPICA 토피카

토피카(topica)는 그리스 · 로마 시대의 철학자들이
대중에게 연설할 때 꺼내 쓰던 '자료집'을 말합니다.

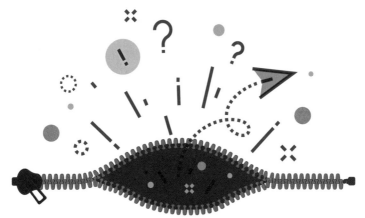

IDEATOPICA
아이디어토피카

아이디어 발상을 위한 일상 관찰법 50

이경모 · 김한주 지음

스르
책방

참 감사한 일입니다.
딱히 특별한 기술 하나 가진 것 없음에도, 말과 글만 가지고 생각을
만드는 일을 하면서 밥 먹고 살아올 수 있었던 것은.

참 고마운 일입니다.
남다르고 새롭고 좋은 생각이란, 기술이나 기교가 아니라 기본과
본질 그리고 사람에 있다는 것을 익히고 깨우치게 된 것은.

나름의 의미를 담아 책으로 펴냅니다.
근 30여 년, 일터와 학교에서 켜켜이 쌓아 온 생각들을 응축하고
추리며 정리하는 작업으로서, 그럼으로써 감사하고 고마웠던 것들을
또 다른 누군가와 나누는 작업으로서.

작업 과정에서 내내 큰 고민거리가 있었습니다.
'세월의 무게만큼, 나이의 크기만큼, 거기에 걸맞게 생각의 깊이를
담아낼 수 있을까?'

두런두런 이야기를 나누는 듯한 책이 되었으면 합니다.
그런 마음으로 글이되, 말 같은 글로 쓰고자 했습니다.
이런저런 사람들의 이야기, 일상의 크고 작은 소재들로부터의 느낌,
때로는 삐딱하거나 시답지 않은 생각까지.
어려운 것을 쉽게, 쉬운 것을 깊게, 깊은 것을 재미있게,
재미있는 것을 진지하게, 무겁지 않게, 가볍게.
글은 가급적 간결하게 줄이되 글 안에, 글과 글 사이에, 생각거리를
담고자 했습니다.

그렇게 툭 던진 이야깃거리를 가지고 생각을 나누었으면 합니다.
"제 생각은 이런데 여러분들의 생각은 어떠세요?"

책과 함께하는 동안 '생각'에 대해 '생각'하는 시간이 되었으면
좋겠습니다.

고맙습니다.

2018년 1월
이경모, 김한주

CONTENTS;

1

신선한
생각

2

남다른
기획

3

힘 있는
설득

요리의 역설, 생각의 정설

기본에 충실할 때 음식은 맛있다
본질에 충실할 때 생각은 맛깔스럽다

요리의 역설_{cooking paradox} 이란 말이 있습니다.

집에서 직접 요리를 하는 시간은 자꾸 줄어들고 있는데
음식에 대한 관심은 높아지는 현상을 빗댄 표현입니다.

요즘 TV 프로그램의 대세 중 하나는
단연 '먹방'이 아닌가 싶습니다.
가만 살펴보면 이런 프로그램의 대부분은
음식을 만드는 데 초점을 맞추고 있지 않습니다.
주인공은 '음식'이 아니라
요리라는 소재를 주무르는 '요리사'입니다.
주방이라는 무대는
요리를 만드는 과정을 다루는 게 아니라,
요리사의 능력과 매력을 과시하는
연기의 장이 된 듯합니다.

'요리'라는 본질은 보이지 않고 '요리사'만 보입니다.
'어떻게 하면 음식을 맛있게 만들 수 있을까'가 아니라
'어떻게 하면 음식이 멋있게 보일 수 있을까'에
관심이 집중됩니다.

어쩌면 우리는 요리하기cooking 보다는
요리사cook 되기에 열광하고 있는 건 아닐까요.

요리의 역설로부터
생각의 역설 paradox of thinking 을 생각해 봅니다.

요리의 역설의 의미에 빗대어 볼 때,
생각의 역설이란 생각은 하지 않고
생각만 많은 현상쯤으로 풀이할 수 있을 듯합니다.

우리는 대개 생각의 과정보다는 생각의 결과를 좇거나,
스스로 생각하는 힘을 기르기보다는
남의 생각에 의존하는 경향이 짙습니다.
남다르게 주목 받는 사람들의 겉모습을 부러워하거나,
스스로 '사색하기'보다는
남의 생각을 '검색하기'를 즐깁니다.
생각하는 '힘'을 기르려 하기보다
생각하는 '기술'을 익히려 합니다.

그것들은 모두 남의 생각, 남의 답이며
남이 이룬 결과일 뿐입니다.
'스스로 생각하는 힘'이라는 본질이 아닌
'어떻게 하면 남들처럼 생각할 수 있을까'만 생각합니다.

스스로 생각thinking을 잘해야 하는데,
잘 생각하는 사람thinker이 되고 싶어 합니다.

'되고 싶은 것'과 '되는 것'은 참 다른데 말이지요.

역설적이지만,
음식과 생각은 참 닮아 있습니다.

사실 맛있는 음식의 이치란 어쩌면 매우 뻔하고 아주 간단합니다.
풍성하고 좋은 재료를 가지고 정성을 다해 솜씨를 발휘해서
사람들로 하여금 맛있게 먹게 하는 것,
그 이상도 그 이하도 아닐 겁니다.

맛있는 아이디어의 이치도 그와 다르지 않은 듯합니다.
사전적 의미로 볼 때 '아이디어'란
'어떤 일에 대한 구상' 혹은 '참신한 생각'쯤으로 풀이됩니다.
어떤 새로운 의미를 찾아내는 '상상력' 혹은 '창의력'과 유사한 뜻을
갖고 있습니다.
다른 각도에서 보면 '과제 혹은 문제 해결 능력'이라고 볼 수
있습니다.

어떤 문제를 해결하기 위해서는 발상도 남달라야 하고,
각각의 생각을 하나로 꿰어 내는 기획력도 필요할 것이며,
자기의 생각을 누군가에게 잘 전하는
일련의 과정이 하나로 잘 이어져야 하겠지요.
그럴 때 아이디어는 아이디어로서의 의미를 갖게 됩니다.

그렇게, 음식과 생각은 참 많이도 닮았습니다.

생각의 정설 orthodox of thinking 을
생각해 봅니다.

앞으로의 세상은 생각하는 힘, 문제 해결 능력,
곧 아이디어의 힘의 점점 더 중요해지리라 여깁니다.
예측하기 힘든 다양하고 복잡한 상황,
또 이런저런 크고 작은 문제와 부딪히며
살아갈 것이기 때문입니다.

본디 역설逆說과 정설定說은
손바닥 뒤집기와 다르지 않습니다.
이미 그 안에 중요한 의미를 공통적으로
담고 있기 때문이지요.

'생각하는 힘'이란
누가 길러 줄 수 있는 것이 결코 아닙니다.
바란다고 되는 것도 아님은 물론입니다.

생각하는 사람에 대한 허상虛像을 버리고,
생각하는 힘을 키우는 일.

역설을 뒤집으면 정설이 되는 이치입니다.
생각하는 힘의 기본과 본질을
되새겨 봐야 할 이유입니다.

기본과 본질에 충실할 때 음식은 맛있습니다.
기본과 본질에 충실할 때 생각은 맛깔스럽습니다.

신선한
생각

1

요리사가
제아무리
남다른 레시피와 기술을 갖고 있으면 뭐합니까?
좋은 재료가 없으면 말짱 '꽝'일 뿐입니다.
음식의 기본은
풍부하고 신선한 재료라는 분명한 이유 때문입니다.

아이디어도
기술이나 기교가 발휘되는 영역이라기보다는
남다른 발상이 기본이 되어야 한다는 점에서
그 이치는 다르지 않습니다.

신선한 생각이란
좋은 아이디어를 만드는 재료이자 기초 체력과 같습니다.

01

남들과 다를 게 부끄러운 걸까?
남들과 같을 게 부끄러운 걸까?

자료 출처 페이스북페이지 365&36.5

남과 같은 인생을 살 것인가?
남과 다른 인생을 살 것인가?

남이 바라는 인생을 살 것인가?
내가 원하는 인생을 살 것인가?

무엇이 될 것인가?
어떻게 살 것인가?

우리는 대체
생각이 많은 걸까?
고민이 많은 걸까?

MENTAL; 멘탈

생각은 결국
생각하기 나름

문득 어느 광고의 카피를 떠올려 봅니다.
'성실하게 최선을 다해 노력하면 성공한다고? 천만의 말씀.
인생이라는 게임에서 이기고 싶다면 자기만의 생각과 삶의 방식을 가지라'는.

자신만의 생각대로 산다는 것.
어디 쉬운 일인가요? 더군다나 만만찮은 무게감도 느껴집니다.
그래서일까요? 어느 대중 가수의 노랫말처럼
생각이라는 지극히 평범한 단어 앞에 섰을 뿐인데
한숨부터 나오고 한없이 작아지면서 위축되곤 합니다.

그런데 창의성의 유사어를 찾아가다 보면 흥미로운 단어가 발견됩니다.
내추럴natural.
자연적 상태 그대로라는 의미입니다. 의외죠?
보통 사람들 누구나 창의적인 생각을 발휘할 수 있는
무한한 가능성이 있다는 뜻을 담고 있으니까요.

모든 게 마음먹기 나름이라고 하잖아요?
어찌 보면 우리 인생 참 단순한 건데 너무 복잡하게 살고 있는 건 아닐까요?
나보다는 남을 의식하고, 너무 움츠려서,
생각을 하는 게 아니라 고민만 안고 살고 있는 건 아닐까요?

자신만의 생각과 방식, 결국 멘탈mental의 문제라 여겨집니다.

그러니까 무엇보다도
스스로의 잠재력과 가능성을 믿고
쫄지 말고, 움츠리지도 말고,
자신 있고 당당하게.

생각도 생각하기 나름이니까요.

02

허영만 작가의 《식객》에 등장했던
몇몇 대사를 인용해 보겠습니다.

"요리의 기본은 재료 고유의 숨겨진 맛을 찾는 것이다."
"재료가 우선, 요리사의 솜씨는 그다음이다."
"음식에는 맛이, 멋이, 품위가 있어야 한다."
"맛을 느끼는 것은 혀끝이 아니라 가슴이다."

여기서
음식과 요리에 관련된 단어들을
생각과 아이디어와 관련된 개념으로
바꿔 보세요.

음식을 만드는 일, 어려운가요?
생각을 만드는 일, 어려울까요?

STRETCHING; 근력

생각의 근육을 만드는
기초 체력 다지기

"요리마다 다른 요리법이 있듯
글마다 다른 전개 방식이 있는 법이지."
"먹지도 않는 음식이 상만 채우지 않도록,
군더더기는 다 빼도록 하게."
"양념이 많이 들어가면 느끼하잖아.
과다한 수식이나 현학적 표현은 피하는 게 좋지."

_ 강원국,《대통령의 글쓰기》26~27쪽(메디치미디어)

김대중, 노무현 전 대통령 두 분은 평소 글쓰기 지침을
음식에 비유해 당부하셨다고 합니다.
역시나 비유가 참 절묘합니다.

'생각'이라는 것도 요리와 다르지 않습니다.
대개 본식 전에 애피타이저로 식욕을 돋우고
위에 음식이 들어간다고 신호를 줍니다.
생각도 경직된 상태에서 짜내려고 해 봐야
오히려 복잡하게 뒤엉키기 십상이죠.
까닭에, 긴장된 생각을 풀고
머리와 마음을 유연하게 하는 게 우선입니다.

생각에도 스트레칭 stretching 이 필요한 이유입니다.

생각에도 근력이 있습니다.
근력을 잘 다져야, 생각의 근육이 만들어집니다.
뭐니 뭐니 해도 기초 체력은 단단하고 볼 일입니다.

르네 마그리트(René Magritte), 〈금지된 재현〉 ©헬로포토

거울에 비친 사람의 모습이 담긴
그림입니다.
그런데 좀 이상합니다.

03

초현실주의를 대표하는 화가 르네 마그리트는
다양한 방식으로 익숙한 대상을 낯설게 하는
작품을 그렸습니다.

"그림은 눈에 보이는 것을 재현하는 것이 아니라
보이지 않는 것을 드러내는 작업이다."

"보는 것과 알고 있는 것, 믿는 것은 다르다."

그의 그림은 고정관념과 상식에 대한
생각거리를 던져 줍니다.

DE-SIGN; 단절

당연한

모든

것에

시비

걸기

design이란 단어를 잘 뜯어보면
de와 sign이 합쳐져 있습니다.

Sign은 '익숙함'을 대표하는 개념입니다.
일상에서 만나는 비상구, 교통 신호, 화장실 표시처럼
정형화되고 정해진 규칙의 대표적인 신호입니다.
반면 De는 부정不定을 뜻하는 언어입니다.

둘을 다시 합쳐 보면,

디자인은 단절de—sign,
곧 '익숙함의 거부'라는 의미가 됩니다.

'익숙함'은 다른 말로 '고정관념stereotype'입니다.
이 고정관념의 또 다른 영어 표현이 재미납니다.
fixed—idea.

생각의 근력 만들기,
그 첫걸음은 단절de—sign 입니다.

당연하고 익숙한 모든 것들에 싸움을 거는 일입니다.
고정관념에 딴죽을 걸고 시비를 거는 일입니다.
끊임없이 묻고 의심하고 따지는 일입니다.

04

누가 만든 것일까요?
무엇을 만든 것일까요?

쉽사리 형체를 읽어 내기가 참 어렵지요?

ASK; 질문

본다는 것은 ___ 무엇일까?
안다는 것은 ___ 무엇일까?

'우리들의 눈'은 시각장애인의 미술 교육을 담당하는
비영리단체이자 아트 프로그램이기도 합니다.

'우리들의 눈'은
'본다는 것은 무엇인가?what is seeing'를 모토로,
'세상을 보는 다른 시선another way of seeing'이라는 슬로건을 걸고
관습과 편견에 도전하는 질문과 실험을 계속해 오고 있습니다.

〈코끼리〉

앞서 본 작품의 이름입니다.

시각장애인인 아이의 마음속 코끼리는 바로 그런 모양이었나 봅니다.
볼 수 없으니 만져 보고 오감五感으로 느끼면서
나름의 상상력을 발휘해 빚어 낸 작품입니다.

"나는 보이는 것을 그리지 않는다. 생각한 것을 그린다."
_파블로 피카소

"보는 것과 아는 것은 결코 한 가지 방식으로 정해져 있는 게 아니다."

"보는 것과 아는 것은 결코 절대적이지 않다."
_존 버거

'본다는 것은 무엇인가?'는
그처럼 적잖이 심오한 질문입니다.
시각장애인의 문제가 아니라
보이는 눈을 가진 사람들에게 던지는.

동시에 적잖이 불편한 질문입니다.
눈에 보이는 것만 보고,
보고 싶은 것만 보고 판단하고 해석하는 사람들에게
눈으로 보고 아는 것이 전부가 아니라는 그런 질문.

당연한 것과 단절하면서
우리는 수많은 질문ask 을 만나게 됩니다.

그런 과정에서

'본다는 것'에 대한 변화는 시작됩니다.
'안다는 것'에 대한 질문이 시작됩니다.

05

자료 출처 travelthewholeworld.org, iconspeak.world

해외여행에서 언어는 늘 장벽입니다.
그런데 사실 여행 언어란
꼭 필요한 정도의 의사소통만 가능하다면
그리 어려울 것도 없습니다.

아이콘스피크 iconspeak.

전 세계에서 통하는 언어인
아이콘 icon 을 티셔츠에 새겨
굳이 말하지 않아도 소통이 될 수 있는
해결책입니다.

스위스 청년들의 남다른 시선이 만든
흥미로운 결과물입니다.

VIEWPOINT; 관점

'결과'가 아니라
'시작'을 다르게

복잡한 상황에서 놀라운 해결법을 찾는 사람이 있습니다.
어려운 과제를 쉽게 풀어내는 사람이 있습니다.
이런 차이는 어디에서 비롯되는 걸까요?

세상을 다르게 보기 전까지는
아무런 변화도 일어나지 않습니다.
'내가 세상을 어떻게 바라보고 있느냐'에
해결책이 달라집니다.

바로 관점 viewpoint 입니다.
다르고 새로운 결과를 만드는 힘입니다.

Make와 Create.

'만들다'라는 같은 뜻을 가지고 있습니다.
Make는 '늘 하던 방식으로 만들다'라는 의미입니다.
Create는 '지금까지 하지 않았던 방식으로 만들다'라는 뜻입니다.
그래서 Create는 '창조하다'라는 의미를 갖게 되죠.

서로 같지만 다릅니다. 딱 한 끗 차이에 불과합니다.
관점을 바꾸면 보이지 않던 것들이 보이기 시작합니다.

남다름이란
결과가 남다른 것이 아니라,
시작이 남다른 것입니다.

시작이 다르면 결과가 달라집니다.
시작이 달라야 결과가 달라집니다.

06

술자리에서 누군가가 묻습니다.
"어떡하면 좋은 아이디어를 만들 수 있을까요?"
"아이디어 소재는 주로 어디서 얻으세요?"

그럴 때 아주 무책임할 정도로
불친절한 답을 드리곤 합니다.

"특별한 방법이 어디 있나요. 뭐."
"주변에 널려 있는걸요."
"잘 둘러보세요.
지금 이 술집에 붙어 있는 포스터,
그 안에 담긴 그림과 글귀, 또 누군가의 낙서,
옆자리 사람들과의 대화.
지금 필요한 아이디어에
도움이 될 만한 게 있을 거예요."

DAILY LIFE; 일상

남다름의 뿌리
'익숙함'

크리에이티브 creative .

사전적으로는 '창의적이고 독창적인 표현'으로 풀이됩니다.

그런데 우리가 종종 오해하는 지점이 있습니다.
창의적이고 독창적인 아이디어는
광고, 디자인 혹은 예술 영역에 있는
좀 특별한 재능을 지닌 사람의 것이라는.

광고계에서 정의하는 의미는 좀 다릅니다.

크리에이티브 = 익숙한 것을 낯설게 하기

늘 바라보던 일상 daily life 을 다른 관점으로 바라보세요.
어떤 의도를 가지고 다르게 해석해 보세요.
약간 각을 틀어 익숙한 것을 다시 바라보세요.
익숙한 것을 다루는 일이라면 그리 버겁게 다가오지 않을 겁니다.
그럴 때, 지금까지 익숙했던 것이 낯설게 다가오게 마련입니다.

익숙하면 쳐다보지 않습니다. 너무 낯설면 도망갑니다.
익숙함과 낯선 것 사이에서 새로운 것이 만들어집니다.

빛나는 생각이 만들어지는 결정적 순간이란 없습니다.
일상의 순간들이 빛나는 생각으로 진화될 뿐입니다.

'일상'의 작고 소중한 것들이 모여 사람의 '일생'이 되는 것처럼.

07

어둠을 밝히는 촛불.

딱 그 정도면 되지 않을까
하는 생각이 듭니다.

빛이 더 밝아 봐야
그을음만 더 많아질 따름이니까요.

촛불을 자세히 보다
사람의 삶을 생각해 봅니다.

자꾸 욕심을 부리는 게
부끄러워집니다.

익숙한 사물도 잘 살펴보게 되면
낯선 무언가가 다가오게 마련입니다.

WATCH; 관찰

자세히 보면 보이는
보지 못했던 것들

시선^{see}은 '눈의 방향'입니다.
어떤 의도도 목적도 없습니다.
'그냥' 쳐다보는 것입니다.
보이는 것, 곧 현상만 보입니다.

시선에 의도를 둔 것이 관점^{view}입니다.
의도를 가지고, 의도적으로 쳐다보는 것입니다.

그냥 바라보는 것이 아니라 살펴보게 됩니다.
자세히 살펴보게 됩니다.
관찰^{watch}하게 됩니다.

관찰하면 '상상'하게 됩니다.
관찰하면 '연상'하게 됩니다.

'보이는 것'이 아니라
보이지 않는,
보지 못했던 그 무언가가
비로소 보이기 시작합니다.

'여자 목욕탕은 어떻게 생겼을까?'

'투명인간이 돼서
　　　들어가 볼 수는 없을까?'

어린 시절,
이런 질문을 하나쯤은 가졌더랬지요.

주책없게도
나이가 먹어서도
여전히 그런 궁금증이
없어지지 않은
궁금증을 갖고 삽니다……

08

참 이상합니다.

나이가 먹으면 아는 게 많아질 줄 알았는데
나이가 먹어 가면서 알고 싶은 게 많아집니다.

그래서일까요?

한곳에 생각이 오래 머물기보다는
여기저기 기웃거리게 됩니다.

EXPLORE; 탐색

'어른아이'처럼
넓게
깊게

인문학 人文學.

저는 '철들지 말라고 가르치는 학문'이라 정의하고 싶습니다.

철들지 않은 호기심 덕택에
생각의 폭을 넓힐 수 있었기 때문입니다.
알고 싶었기에 여기저기 기웃거리며 생각의 크기를 키우고
깊게 생각할 줄 아는 힘을 키울 수 있었던 듯합니다.

궁금증 혹은 호기심의 반대말은 무엇일까요?
무관심.
관심이 사라지면 새로운 것에 대한 갈망도 없어질 것이기 때문입니다.

"나는 철들지 않는다. 내 안에는 어린 시절의 내가 있다."
_ 판화 작가 에서

"나를 만든 건 특별한 재능이 아닌 굉장한 호기심이었다."
_ 아인슈타인

'어린아이'처럼 생각하는
'어른아이' 같은 생각이 중요한 이유입니다.

필연적으로 생각의 방랑nomad을 이끌고,
여기저기 탐색explore 하게 합니다.
방랑하고 탐색하면 생각을 넓게 팔 수 있습니다.

넓게 파다 보면, 깊게 팔 수 있습니다.
아니, 넓게 파야 깊게 팔 수 있습니다.

09

스페인 출신의 위대한 건축가의 건축물에서
종종 발견되는 문양.

달팽이 같기도 하고,
우리나라 태극 문양을 닮은 것 같기도 하고.

이것을 표절이라 할 수 있을까요, 없을까요?

표절과 창조의 경계선은
무엇일까요?

MIMESIS; 모방

남의 것으로부터
나의 것으로

"난 훔쳤다는 사실에 한 번도 부끄러워한 적이 없다."
_ 스티브 잡스

"좋은 예술가는 베낀다. 위대한 예술가는 훔친다."
_ 파블로 피카소

"창의력의 비밀은 어디선가 잘 가져오는 것이다."
_ 아인슈타인

"베끼십시오. 완전 범죄라면 표절이 아닙니다. 아무에게도 들키지도,
걸리지도 않았다면 그는 위대한 카피라이터입니다."
_ 어느 카피라이터

어찌 보면 참 위험스러울 수 있는 말들입니다.

카피copy의 본디 뜻은 복사하다, 곧 '베끼기'입니다.
그대로 따라 하는 베끼기는 표절plagiarism에 가깝습니다.

그런데 훔치기steal는 좀 다른 게 아닌가 싶습니다.
여기저기에서 가져와서 그대로 따라 하는 것이 아니라,
어떤 방법으로든
새로운 것을 만들어 내는 것이라면 말입니다.

요리의 재료가 엇비슷해도
요리 방법에 따라 결과가 달라지잖아요?
재료가 같다고 요리를 표절했다고 하지는 않습니다.

남의 것에서 가져와서
남과는 다르게 자기의 것으로 만드는 것은
창조적인 '모방mimesis'이라 정의할 수 있을 듯합니다.

궤변일까요?

그런데 극단적으로 모방을 거치지 않은
새로운 것이 있을까요?

하수下手는
쥐어짭니다.

고수高手는
베끼고, 훔치고,
모방합니다.

10

그리운건
그대일까
그때일까

자료 출처 하상욱 지음, 《시 읽는 밤 : 시 밤》 중에서(예담)

조금만 뒤틀어 보세요.

단어의
느낌도
의미도

달라집니다.

TWIST; 충돌

비틀고,
꼬고,
삐딱하게

우리는
다들 너무 똑바로 사는 건 아닐까요?
철저하고 반듯하게 살려고 노력하는 건 아닐까요?
그런데 그리 산들 뭔 재미가 있겠습니까?

어쩌면

비틀거리며 사는 게
인생 아닐까요?

좀 삐뚤고, 삐딱하게 살면 어떻습니까?
일상에서 만나는 것들을 좀 다르게 바라보세요.
익숙한 것을 살짝 비틀고, 꼬아twist 보세요.
서로 맞부딪쳐 충돌시켜 보세요.

그렇게

낯설고 불편한 조합을 만들어 보세요.
익숙했던 것들이 낯설게 다가옵니다.

每日新聞

2016년 6월 22일 수요일　　imaeil.com　　대구 ☀ 31~18℃ 안동 ☀ 30~17℃ 포항 ☀ 28~18℃　제22116호

신공항 백지화, 정부는 지방을 버렸다

11

신문 1면이 백지 白紙 입니다.

수천만 원짜리 신문 1면 하단의 광고면도
백지입니다.
지방 신공항 백지화 조치에 대한
무언의 항의 메시지입니다.

신문은 꼭 읽어야 하나?
신문도 보면 되지 않나?

생각을 뒤집으면
상식도 따라 뒤집히게 마련입니다.

INVERSE; 파격

성당의 규칙을 깨기

What if?

지금까지는 왜 이런 방식으로 했을까?
이것이 과연 맞는 방식일까?
옳은 방식일까?
다른 방법은 없을까?

Change the rule!

기존의 룰을 뒤집는 새로운 게임의 법칙을 만들어라.

고정관념의 틀을 부수고 새로운 틀을 세우는 일,
상식의 뒤통수를 때리는 일,
제가 일했던 광고 회사의 '일하는 방식'입니다.

거꾸로 뒤집어 inverse 보세요.

익숙한 것들이 달라 보입니다.

일상을 잘 살펴보세요.
거꾸로 뒤집힌 것들이 적잖을 겁니다.

12

폭탄주와 아이폰의
공통점은 무얼까?

서로
전혀 관계가 없을 법한
둘 사이에
공통적으로 담겨 있는
이치는 무엇일까?

BLEND; 혼합

섞고, 비비고, 짝짓 고

짜장면과 스파게티가 만나 짜파게티!
에스프레소와 우유가 만나 카페라테!
책과 맥주가 만나 책맥!
소주와 맥주가 만나 폭탄주!
아이팟과 인터넷과 전화기가 만나 아이폰!

지금은 일상에서 자연스럽게 접하는 것들.
그러나 그전까지만 해도 서로 상관도 없고 어울리지 않던 것들.
각자는 '최초의 의미'를 갖고 있었지만,
서로 만나 '새로운 의미'로 재탄생한 것들.

어쩌면 스티브 잡스가 한 일은 그리 대단한 일이 아닐지도 모릅니다.
이미 있는 것들을 훔쳐 하나로 결합시켜 새로운 것을 만들어 냈을 뿐.

그저
모두가 보면서도
아무도 생각하지 못한 것을
생각해 냈을 뿐.

그러니 새로운 걸 만들려고 너무 고민하지 마세요.
어디엔가 이미 있는 것들을 가져오세요.
그리고 이렇게 저렇게 섞어blend 보세요.
비비고, 서로 짝을 지어 주세요.

달라집니다.
새로워집니다.

13

그릇은 비어 있기에,
다른 것을 채울 공간이 크기에,
그릇으로서의 존재 의미가 있습니다.

큰 사람이란 가진 것이 많아서,
아는 것이 많아서가 아니라,
비어 있어서 채울 것이 많은 사람을 이릅니다.

OFF; 여백

아무것도 하지 않는 일상

생각도 비워야
채울 수 있는 법입니다.

생각도 좀 쉬어야
생각을 할 수 있는 법입니다.

때로는 아무것도 하지 않는
멍때림이 필요한 이유입니다.

비워야
채울 수 있습니다.
생각도.

14

뭐가 보입니까?
무엇으로 보입니까?

RESPECT; 존중

겸손, 존중, 배려

캐나다 사람이 보기엔 '캐나다의 상징'

사진작가라면 '괜찮은 피사체'

청소부 입장에서는 '지겨운 쓰레기'

벌레가 보면 '맛있는 양식'

아담과 이브였다면 '속옷'

이처럼, 대답은 사람마다 서로 다를 수 있습니다.

부부는 일심동체一心同體라는 말이 있습니다.
과연 그럴까요? 그래야 할까요?
부부도 개성이 다른데 사회에서 만난 사람들은
오죽하겠습니까?

different와 wrong.

두 단어에 대해 생각해 보기로 하겠습니다.
앞은 '다르다'는 뜻이고, 뒤의 것은 '틀리다'입니다.
그런데 우리 이 두 단어를 종종 혼동해서 쓰곤 합니다.

우리는 자기 경험과 지식을 가지고
타인에게 어떤 잣대를 들이댑니다.
생각이 '다른' 것뿐인데 '틀린' 것이라고 단정해 버립니다.
좁고 편협한 아집에서 비롯되는 오류입니다.

불행하게도 나이가 먹어갈수록
경험이 쌓여 아는 것이 많아질수록,
어떤 것에 대한 믿음과 확신이 강해질수록
'다른' 것을 '틀린' 것으로 단정할 위험은 더더욱 높습니다.
경계해야 마땅한 일입니다.

아이디어 소재를 주로 어디서 얻느냐는 질문을 받을 때
'일상에서'와 더불어 자주 드리는 답변은
'사람들과 이야기를 나누다가'입니다.

다른 생각을 가진 사람들과 이야기를 나눌 때,
스스로 '겸손'할 줄 알고
다른 의견을 '존중respect'하고 '배려'할 때
아이디어도 빛을 본다는 말입니다.

철학자 비트겐슈타인Wittgenstein 의 말을 곱씹어 봅니다.

"지혜는 회색이다."

흑과 백, 절대적인 옳고 그름만 있는 것이 아니라는 겁니다.

《논어》에 나오는 화이부동和而不同에서도 배웁니다.
화和는 차이를 존중하고 다양성을 포용하는 존중의 철학입니다.
동同은 획일적인 가치만을 용납하는 패권의 논리입니다.
자신과는 다른 생각을 존중하고 배려할 필요가 있는 이유입니다.

겸손, 존중, 배려.

생각에도, 삶에 있어서도
중요한 덕목이 아닌가 싶습니다.

15

이 세상에 과연
새로운 아이디어가 있을까?

CHEMISTRY; 화학

다른 것으로부터   더 좋고 새로운 것으로

마케팅에 레드 오션 red ocean 이라는 개념이 있습니다.
색깔이 주는 느낌처럼 경쟁이 치열한 시장을 뜻하죠.

반대로 블루 오션 blue ocean 은
아직 경쟁이 없는 새로운 시장을 의미합니다.
흔히 '블루 오션'을 개척하라고 하는데
이는 쉬운 일도 아니거니와
그런 시장은 존재하지 않는다고 봐야 할 겁니다.
그래서 또 다른 개념의 시장 언어가 만들어집니다.

퍼플 오션 purple ocean

경쟁이 치열한 레드 오션에 뛰어들어
남다른 아이디어로 경쟁력을 만들어 가야 한다는 것입니다.
빨간색에 파란색을 섞으면 보라색이 만들어지는 것처럼.

아이디어란 놈도 그렇죠.
톡톡 튀는 빨간 아이디어 red idea 들이 얼마나 많나요?
그래서 아주 새로운 파란 아이디어 blue idea 를 갈망하지만,
어느 날 하늘에서 툭 떨어지는 새로운 아이디어란
있으려야 있을 수가 없습니다.
어디 답이 있겠습니까?
결국 수많은 아이디어 속에 뛰어들어
그 안에서 보라색 아이디어 purple idea 를 찾는 수밖에.

결국 새로운 아이디어란
존재하지 않던 새로운 것이 만들어지는 것이 아니라,
서로 다른 것으로부터 더 좋고 새로운 것으로
발전되어 탄생한다고 봐야 옳을 겁니다.
마치 음식의 여러 재료들을 가지고
이런저런 양념을 해서 익히고 삶고 튀겨 내면서
마침내 맛있는 요리를 만들어 내는 쉐프 chef 처럼.

생각의 화학 작용 chemistry 의 힘입니다.

여러 아이디어들이 나올 수 있도록 잘 유도하는 힘 facilitator.
나온 아이디어들을 잘 솎아 내는 힘 curator.
새로운 아이디어로 발전시키는 힘 incubator, transformer.

보라색 아이디어를
만들어 내는 힘입니다.

서로 다른 것으로부터
더 좋고 새로운 것이
만들어집니다.

Cindy Jsky

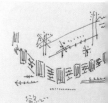

자료 출처 이경모 지음, 《모든 아빠는 딸들의 첫사랑이었다》 중에서(이야기나무)

16

누구에게나 찰나의 기억,
지난 추억들은 있게 마련입니다.

제 아이들이 태어난 이후
저는 아이들에 대한 생각의 조각들을
노트에 옮겨 적었습니다.
차곡차곡 잘 쌓아 두었습니다.

그 기록들은 훗날
마침내 한 권의 책이 되었습니다.
기록했기에 가능한 일이었습니다.

COLLECT; 수집

아는 만큼 보인다?
모은 만큼 보인다!

아이디어에 대해 우리가 오해하는 것이 또 하나 있습니다.
'치약처럼 짜면 나오는 것'
'고민하다 보면 문득 찾아오는 것'

천만의 말씀입니다.
제 경험상
아이디어는
어디선가 꺼내 쓰는 것이었습니다.

꺼내어 쓰려면?
무엇보다도 가진 게 많고 볼 일입니다.
생각도 '양'이 '질'을 결정하는 것이기에.

사실 가진 것의 크기는 사람마다 큰 차이가 있는 건 아닙니다.
모두 저마다의 일상에서 이런저런 경험을 하면서
나름의 생각을 갖고 있으니까요.

우리는 기억력에 지나치게 의존합니다.
그러나 기억은 기록을 이기지 못합니다.
기억이란 휘발성이 강하고 흐릿해지기 쉽기 때문입니다.

아이디어 싸움은 누가 얼마나 잘 기록하고 잘 모으는지의
싸움입니다.
모은 collect 만큼 보이게 마련입니다.

17

학생들에게 '일상의 발견'이라는 주제로
과제를 내주었습니다.

한 학생의 발표가 인상 깊었습니다.
서랍 속 오랫동안 꺼져 있던
2G 핸드폰을 켜서
문자 메시지를 보았다고 합니다.
시험을 앞두고 힘들어 하던 시기에
엄마, 아빠의 응원 메시지가 담겨 있었답니다.

울컥! 가족 사랑을 새삼 깊이 느꼈다 합니다.
그렇게, 우리들의 작고 소소한 일상 곳곳에는
아주 소중한 의미가 있게 마련입니다.
다만 살펴보지 못하고 있을 뿐.

DISCOVER; 발견

작고 소소한 것에서
소중한 의미를

발명 invention.

세상에 없던 그 무언가를 새롭게 만들어 내는 작업.

발견 discovery.

세상에 있는 그 무언가로부터 새로운 의미를 찾는 작업.

길을 걷다, 책을 보다, 꽃을 보다,
그림을 보다, 음악을 듣다, 사람을 만나다…
그리고 일상에서 모두가 보면서도
아무도 보지 못한 의미를 찾아내는 일,

누구나 생각하지만
아무나 생각해 내지 못한 생각을 하는 일,
작고 소소한 것으로부터 소중한 의미를 발견하는 일,

일상으로부터의 발견.

18

그림의 마술사로 불리는
네덜란드의 작가 에셔 Escher .

전통 예술 영역에서 '이단아'라
비판받기도 한 그는
2차원의 이미지를
3차원으로 표현한 작품을 통해
현실과 환상의 절묘한 조합을 그려 내면서
착각과 진실에 대해 말을 겁니다.

놀라운 것은 그저
눈에 보이는 데 있는 것만이
아니었습니다.

FLOW; 몰입

성실함, 진지함

그리고

몰입

참으로 놀라운 것은 이 작품이 '판화'라는 사실입니다.

판화란 보이는 것과는 반대로 진행해야 하는 작업인데,
이렇게 복잡한 구조를 어떻게 구현해 냈는지
그저 놀라울 따름입니다.
더더욱 무서운 것은
한 치의 빈틈도 없이 촘촘하게 파 낸 것입니다.
어떻게 이토록 집요하게 몰입을 할 수 있었는지
상상조차 어렵습니다.

아이디어를 고민하다 보면
어느 날 갑자기 그분이 오신다?
천만에요. 그런 요행은 없습니다.
신데렐라의 백마 탄 왕자처럼
우연히 찾아오는 경우는 없습니다.

남다른 생각은

'기발함'의 문제가 아니라
'진지함'의 문제입니다.

'감각'이 아니라 성실하게 몰입하는 '태도'의 문제입니다.

타고난 '재능'이 아니라
어떻게 '계발'하느냐의 문제입니다.

남다른 생각을 만들어 내는 사람이란 그런 사람입니다.

창의적인 사람이 되는 29가지 방법 29 Ways to Stay Creative 에 나오는
방법 몇 가지를 옮깁니다.
신선한 생각을 계발하는 데 도움이 되기를 바라면서.

"노트를 항상 가지고 다니세요."
"자유롭게 써 보세요."
"컴퓨터를 잠시 멀리하세요."
"자신을 다그치지 마세요. 마음을 여세요."
"좌절하지 마세요. 연습, 연습, 연습."
"새로운 곳을 가 보세요. 충분히 긴 휴식을 가져 보세요."
"규칙을 깨 보아요."
"사전을 읽어 보세요."
"완벽을 추구하지는 마세요. 구조적으로 접근하세요."

인생 뭐 있나요?

그저 즐겁게!

2

남다른
기획

좋은 재료는 서로 배합되어
여러 가지 양념과 조리법을 만나 요리가 됩니다.
그러나 요리하는 사람에 따라서
전혀 다른 음식이 만들어집니다.

구슬이 서 말이라도 꿰어야 보배가 되듯,
신선한 발상들을 잘 꿰어야
빛나는 아이디어가 되는 이치입니다.

재료가 안목의 문제라면,
기획은 솜씨의 문제입니다.

기획은 신선한 소재들을 가지고
생각의 틀과 축을 만들어 내는 일입니다.

19

유태인의 삶의 지혜를 담은 《탈무드》에 보면
이런 질문이 나옵니다.

"두 아이가 굴뚝 청소를 했다.
한 아이는 얼굴이 까매졌고
다른 한 아이는 깨끗했다.
두 아이가 가운데 누가 얼굴을 씻었을까?"

답이 뭘까요?
얼굴이 까맣게 된 아이? 깨끗한 아이?
그렇게 생각하는 이유는 뭔가요?

BASIC; 기본

문제는 늘
문제 안에 있기 마련

정답이라고 할 순 없지만 해답은 이렇습니다.
"이 문제는 틀렸다."

똑같이 더러운 굴뚝을 청소했는데
한 아이는 까맣게 되고 다른 한 아이는 여전히 깨끗했다는 것 자체가
있을 수 없는 일이기 때문이죠.

우리는 대개 문제가 주어지면
먼저 답을 구하는 데 익숙해져 있습니다.
이 문제는 진짜 문제인 것인지, 왜 문제인지,
어떤 의미를 갖는 문제인지
그리고 이 문제를 어떻게 바라봐야 하는지에 대한 생각은 제쳐 두고
곧바로 답 찾기에 골몰합니다.

정말 중요한 것은
답을 찾는 데 있지 않습니다.

오히려 문제에 집중할 필요가 있습니다.
문제를 제대로 정의해야,
문제의 본질과 핵심을 제대로 짚어야
정확한 답을 구할 수 있다는
너무나도 분명한 이유 때문입니다.

어떤 문제가 주어졌을 때 답을 찾으려 하지 말고
일단 그 문제를 물고 늘어지는 것.
남다른 기획의 기본basic이자 첫걸음입니다.
문제는 늘 문제 안에 있기 마련입니다.

20

"최종 책임은 대통령에게…해경 해체할 것"
박 대통령 대국민 사과

자료 출처 2014년 5월 19일 〈대통령 대국민 담화〉

306명의 소중한 목숨을 앗아간
2014년 그해 봄.

사건을 수습하는 과정에서
당시 대통령은
해경을 해체한다고 합니다.
이어 인사 조치와 함께
수학여행 금지, 국가안전처 신설 등
몇몇 조치를 내놓습니다.

사건의 본질과 근본 원인에서
비껴 난 해법만 있을 뿐,
사건의 진실은 밝혀지지 않은 채
그 이후로 오랜 시간이 흐르고 맙니다.

DEFINITION; 정의

'사실'과 '현상'이 아니라
'이유'와 '본질'

'기획'이라는 말.
'사랑'이라는 말만큼 참 많이도 쓰는 말.
전략 기획, 사업 기획, 정책 기획, 공연 기획
그리고 일상의 소소한 이런저런 기획까지.

'기획'이란 놈의 정체는 대체 뭘까요?
사전을 들추어 보면
"어떤 일을 꾸미어 계획함" 혹은
"어떤 일의 전체적인 윤곽을 계획하고 설계함"
이라고 정의되어 있습니다.
이해는 되나, 쉽지 않습니다.

여기 명쾌한 정의가 있습니다.

"기획planning 이란 '문제problem 는 뭐고, 해법 solution 은 뭐다'를 찾는 것이다.
따라서 기획의 첫 단추는 '무엇이 문제인가'를 짚어 내는 데 있다.
이때 중요한 것은 '과제 혹은 문제의 핵심과 본질을 분명하게 정의하는
것'이다."
_ 남충식, 《기획은 2형식이다》(휴먼큐브)

중요한 건 역시 '문제'입니다.
그런데 어떤 문제에는 여러 개념이 섞여 있기 마련입니다.
문제라는 사실 혹은 나타난 어떤 현상fact,
그 문제가 발생된 이유reason 그리고 그 문제의 본질core.

여기에서 범하기 쉬운 오류가 있습니다.

누구나 알 수 있는,
겉으로 드러난 사실이나 현상만 바라보고,
이를 문제로 규정해 해결 과제로 치환해 버리는 겁니다.
이렇게 문제의 핵심을 제대로 짚지 못하면
필연적으로 헛발질하는 해법이 나올 수밖에 없습니다.
앞에서 본 해경 해체처럼.

문제의 핵심과 본질을 분명히 정의 definition 한다는 것은
'왜 그 문제가 생겼느냐'에 집중해야 한다는 의미입니다.
겉으로 드러난 여러 현상들을 헤집고 들어가
문제의 본질적인 이유를 찾으라는 뜻입니다.
그 과정을 통해 문제 정의가 분명해지면,
해결해야 할 과제가 달라지고
해결책 또한 완전히 달라지게 마련입니다.

기획 과정에서 중요한 단어 가운데 하나가
'구조화'라는 개념입니다.
구조적으로 생각하고 있느냐는 의미인데,
이는 문제의 현상을 파고들어 발견한 여러 가지 원인 중
핵심이 되는 것을 찾아내는 능력,
곧 문제의 틀을 다시 짜고
과제를 분명히 정의하는 힘입니다.

여태까지 기획자로 살아오면서 느낀 것이 있습니다.
얼마나 답을 잘 구하느냐가
기획자의 역량은 아니라는 것입니다.

좋은 기획자는
문제의 핵심과 본질을
정확하게 짚어 내는
사람이었습니다.

답 찾기보다
문제 정의에 많은 시간을 쏟는 사람이었습니다.

문제를 구조적으로 보는 사람이었습니다.
그런 남다른 관점을 갖고 있는 사람이었습니다.

21

로또의 1등 당첨 확률은 얼마일까?

과연 사람이 벼락 맞아 죽을 확률보다
더 낮을 만큼 당첨되기가 그렇게 어려운 걸까?

확률적인 숫자가 아니라
좀 다르게 해석해 볼 수는 없을까?

KISS; 심플

현상은 복잡해도
핵심은 단순한 법

수학적으로 계산하면
814만 5,060분의 1입니다.
돈벼락 맞을 가능성은 거의 없다고 봐야겠지요.

그런데 제 생각은 좀 다릅니다.
"로또 1등 당첨 확률은 2분의 1."

맞든지, 틀리든지.
되든지, 안 되든지.
둘 중 하나이기 때문입니다.
50% 확률이라면 까짓 로또 살 만합니다.
늘 안 맞아서 그렇지만.

복잡한 것을 복잡하게 생각하면 한없이 복잡해집니다.
그러나 핵심은 늘 단순합니다.
복잡한 핵심이란 있을 수 없습니다.

심플simple 하다는 것은
그저 짧고 단순하다는 의미는 아닙니다.
복잡한 것의 핵심을 짧게 단순화simplicity 해 내는 것입니다.

KISS Keep it stupid simple!

심플하게, 심플하게.
구조적으로 생각하는 힘은 여기에서 비롯됩니다.

22

비싼 생리대를
살 돈이 없는 아이들이
휴지, 수건, 신발 깔창으로
버틴다는 뉴스가 있었습니다.

여자들의 생리,
그 생리를 알 리가 없는
한 남성 청년 기업가가
안타까운 현실에 문제의식을 가지고
문제 해결에 나섭니다.

그렇게 세상에 나온
'산들산들'.

생리대 하나를 사면
하나가 기부되는
착한 생리대.

SENSE; 의식

문제를 해결해 내는 힘,
'문제의식'

'교육 격차'라는 문제 해결을 위한
'경단녀 선생님'이라는 해법.

'예술 작가들의 자립'이라는 문제 해결을 위한
'공정 미술'이라는 해법.

'발달장애인'의 문제 해결을 위한
'장애인 고용'이라는 해법.

'위안부 할머니' 문제 해결을 위한
'위안부 할머니 작품'이라는 해법.

'지체장애인의 이동권' 문제 해결을 위한
'자동 휠체어'라는 해법.

'낙후된 후진국 교육 환경' 문제 해결을 위한
'촛불 램프'라는 해법.

'지역 농산물' 문제 해결을 위한
'로컬 푸드'라는 해법.

'사회적 경제' 영역은
'기획'의 틀을 쉬 이해하는 데 도움이 됩니다.

청년 문제, 지역 문제, 사회적 약자의 문제,
지역, 전통, 환경 등
모두 어떤 사회적인 '문제'에 주목하고 있습니다.
그리고 그 문제의 해결을 위한
나름의 '해법'을 만들어 사업을 해 나가면서
사회의 변화를 이끌고 있습니다.

물론 '문제'를 어떻게 짚느냐 하는 점은 중요합니다.
그런데 문제를 찾는 일이란 이성적으로 가능합니다.
훈련에 따라 가능하기 때문입니다.

주목할 것은 가슴속에 있는 뜨거운 '문제의식'입니다.
문제를 해결하고자 하는 의식,
그 뜨거운 열정은
아무나 가질 수 없는 것이기 때문입니다.

"인간보다 다른 가치가 앞서는 사회, 그에 대한 치열한 문제의식이
생각과 행동의 변화를 이끌어 낸다."
_ 체 게바라

'문제' 이전에
문제의식 sense 이 중요한 이유입니다.

문제를 해결하고자 하는
문제의식이
문제를 해결하는 힘입니다.

23

어렸을 적 누구나
한 번쯤은 봤던 기억이 있을 겁니다.

찾아보세요.
커다란 돋보기안경에
촌스러운 빨간색 무늬 옷을 입은
숨겨져 있는 '월리'를.

복잡한 상황에서
뭔가를 풀고 찾아내야 할 때 필요한
어떤 이치도 함께 숨어 있습니다.

LOOKOUT; 조망

문제에 다가서지 말고

멀리 떨어지기

손바닥에 패인 손금을 보려면 어떻게 해야 하나요?
손을 조금 멀리 떨어뜨려 놓고 봐야 보입니다.
월리 역시 멀리서 바라봐야
하나둘씩 보이기 시작할 겁니다.

문제에 다가서지 말고 복잡한 문제를 풀어야 할 때
우리는 대개 그 문제에 바짝 다가서서
풀어 보려 하는 경우가 많습니다.
그런데 문제가 보이기는커녕
오히려 헤맨 경험이 적지 않을 겁니다.

어떤 복잡한 일의 실마리를 풀어 나가야 할 때
멀리서 바라보면서 이런저런 각도로 살펴보며
전체를 조망하면 오히려 문제를 잘 짚어 낼 수 있습니다.
그다음, 짚어 낸 문제로 다가가 몰입해
해법을 찾는 것이지요.

'몰입flow'과 '조망lookout'의
적절한 조화가 중요한 이유입니다.

높이 나는 새는 멀리 볼 수 있습니다.
낮게 나는 새는 자세히 볼 수 있습니다.
높이 날아 멀리 본 다음, 낮은 곳으로 오면
깊이 볼 수가 있습니다.

복잡한 일을 대하는
'조망'과 '몰입'의 이치입니다.

24

어린 나이에 엄마를 잃은 아이.
생각이 많을 법도 한데
고민만 하지 않고 달립니다.

목표를 세우고
목표를 향해 그저 달리는 게 아니라
목표를 이루기 위해 달려가며
마침내 뛰어난 육상 선수가 됩니다.

이 아이,
'하니'는 생각을 꿰어 나가는 데 있어서
생각해 봄직한 어떤 지혜를 던져 줍니다.

HYPOTHESIS; 가설

결론부터 생각하고
답 찾아가기

'린 스타트업Lean Startup'이라는 창업 용어가 있습니다.

완벽한 준비를 마치고 사업을 시작하기보다는
초기 사업 구상을 실행에 옮겨 시장의 반응을 봐 가면서
사업의 기반을 다지는 방식입니다.
완벽한 제품이 아니더라도
아이디어가 반영된 초기 시제품을 시장에 내놓은 다음,
이 가설을 검증하고 학습하는 과정을 통해
제품의 완성도를 높여 나가라는 것입니다.
요약하면
창업은 '가설 검증 게임'이라고 볼 수 있습니다.

생각과 관련된
'린 싱킹Lean Thinking'이라는 개념이 있습니다.

많은 분석과 조사를 통해 완벽한 아이디어를 만들기보다는
처음의 생각을 여러 과정을 거쳐
단단한 아이디어로 발전시켜 가는 방식입니다.
이를테면 기획 초기에
'현 시점에서 정답일 것이라고 생각하는,
일종의 가상 해답' 가설을 세우고
이를 검증해 나가는 것입니다.

'린 스타트업'과 '린 싱킹'.
여기에 공통적으로 존재하는 것이 '가설hypothesis'입니다.
결론부터 생각하고 이를 검증해 가면서
답을 찾아가는 방법론입니다.
기획 역시 '가설 검증 게임'입니다.

보통 우리는 '착한' 기획 방식을 택합니다.
어떤 문제나 과제가 주어졌을 때 조사와 분석을 통해
많은 정보를 모아 답을 찾으려 하죠.
이 과정에 만만치 않은 시간이 걸리게 되는데,
불행히도 이렇게 모은 정보가 다 쓰이는 경우는 거의 없습니다.
너무 많은 곳을 힘을 쏟고,
하지 않아도 될 일을 열심히 하는 꼴입니다.

'다른' 기획 방식에 주목할 필요가 있습니다.
문제나 과제가 주어졌을 때 먼저 가설을 세웁니다.
'이 문제의 답은 이것일 것 같다'와 같은.
이 가상의 정답을 중심으로 '필요한' 정보만을 모아
검증해 나가면서 필요한 곳에 집중해서
답을 찾아가는 겁니다.

의문이 생기는 지점이 있을 겁니다.
'만일 초기에 세운 가설이 틀렸다면?'
당연히 그럴 수 있지요.
조사나 분석 과정에서 잘못 짚었다고 생각되면
다시 처음으로 돌아가 새로운 가설을 세운 후
같은 과정을 밟으면 될 일입니다.
가설은 검증 과정에서 '참'이 되기도 하고
'부정'도 되는 명제이기 때문입니다.

"정보가 많다고 해서 올바른 의사결정을 내리는 것은 아니다."
"가설 기획 방식으로 하면 3개월 걸릴 일을 2주에 마칠 수 있다."
_우치다 카즈나리, 《가설사고, 생각을 뒤집어라》 (쓰리메카닷컴출판사)

영문 제목에 붙은 아트art라는 표현이 매우 흥미롭죠?

생각해서 생각을 만드는 것과
달리면서 생각을 다지는 것은 다릅니다.
해법을 향해 달리는 것과
해법을 찾기 위해 달리는 것은 다릅니다.

이처럼, 초기 가설 중심 기획 방식은
문제 해결의 나침반 역할을 합니다.
그리고
빠르고 정확합니다.

소녀 마틸다가 말합니다.

"나, 레옹하고 사랑에 빠졌나 봐요."

레옹이 되묻습니다.

"어떻게 사랑인 줄 알지?"

다시 소녀가 답합니다.

"그냥 느껴지니까요. 내 배가 뜨거워요."

사람을 분석해서 사랑을 하나요?
논리적인 근거를 갖고 사랑을 하나요?
그냥 느낌으로 느끼는 것이겠지요.
어떻게 설명하기는 어렵지만.

HUNCH; 직관

딱 보면 알 것 같은
느낌 기르기

그렇듯, 그냥 느껴질 때가 있습니다.

이성적으로, 논리적으로 설명하기 어렵지만
'아, 이런 것 같다' 하는 느낌이 올 때가 있습니다.
복잡한 문제와 마주했을 때 '아, 이렇게 풀면 되겠구나'
하고 딱 보면 알 것 같은 경우가 있습니다.

이런 순간적인 느낌이나 판단은
모두 자신만이 갖고 있는 촉, 일종의 동물적인 감각에서
나오는 것이겠지요.

직감直感 혹은 직관直觀 hunch, intuition 이란
순간적으로 보고 느끼는 이런 어떤 것을 뜻합니다.

뭔가를 '증명'할 때는
'논리'를 가지고 합니다.
그러나 뭔가를 '발견'할 때는
'직관'을 가지고 합니다.

생각은 '발견'하는 것이므로
이런 직감과 직관의 힘을 믿고 좇을 필요가 있습니다.

기획 과정을 단단하게 해 주는 '가설'은
'직관'과 '직감'에 의해서 만들어지는 것이기 때문입니다.

26

꿈은 첫사랑 🔍 이다

꿈은 설레고 기쁘고 가슴 벅차고 쉽게
이루어지지 않아서 아리고 그래서 다시 그립고
첫사랑처럼 생각의 꼬리에 꼬리를 물다 보면
어느새 여기가 어디야...

ASSOCIATION; 연상

꼬리에 꼬리를 무는
상상의 힘

원숭이 똥구멍은 빨개 빨가면 사과 사과는 맛있어 맛있으면 바나나 바나나는 길어
길면 기차 기차는 빨라 빠르면 비행기 비행기는 높아 높으면 백두산
_ 윤극영 작사 · 작곡, '원숭이 엉덩이'

'원숭이 똥구멍'이 '백두산'까지 이어졌습니다.
꼬리에 꼬리를 물고 닮은꼴을 상상한 결과입니다.

아이디어의 소재를 찾는 작업은
발상^{ideation} 입니다.
기획은 연상^{association} 을 하는 것입니다.

여러 소재들 사이에서 유사점을 찾아 연결시킴으로써
새로운 의미로 꿰서
구체적이고 새로운 아이디어로 발전시키는 작업입니다.

연상^{association} 이란,
하나의 개념으로부터 유사한 다른 어떤 개념을 연결 지어
새로운 개념을 만들어 내는 것, 다시 말해
어떤 단어로부터 연관되는 단어나 이미지를 찾는 것입니다.

"예술의 창조적 근원은 'A는 B다'를 만드는 것이다."
_ 아리스토텔레스

기획은 꼬리에 꼬리를 물면서 수많은 A와 B를 연상해 내는 일입니다.

27

나이 든 아파트 경비원이
어린 학생에게 고개 숙여 인사를 합니다.

한여름인데 아파트 경비실의
에어컨 설치를 반대합니다.

임대 아파트 사이에 벽을 세웁니다.
아이들은 먼 길을 돌아 학교를 다녀야 합니다.

장애인 특수학교가 들어서는 것을 반대합니다.
장애인 아이의 부모는 그들 앞에 무릎을 꿇습니다.

이런 문제들은 대체
어떤 관점으로 봐야 할까요?

INSIGHT; 통찰

'무엇'
이
아니라

'왜'
를

꿰뚫는
힘

갑^甲질.

이 문제를 바라보는 학생들의 관점이 참 매서웠습니다.
'갑의 갑질'도 문제지만,
'을乙의 갑질'이 훨씬 더 큰 문제라고 짚은 것입니다.
사회 전체적으로 보면 을의 입장인데, 어느 순간
자신이 남들보다 상대적으로 조금 더 위에 있다고 생각되면
갑의 입장이 되어 버리는 현상에 주목한 겁니다.

어쩌면 우리 사회에서 정말 무서운 것은,
권력이나 돈을 가진 사람 때문에 생기는
'갑들의 큰 갑질'이 아니라,
아파트 입주 주민이 경비원을 대하는 태도처럼
'을들의 작은 갑질'일지도 모를 일입니다.

"인사이트_{insight} 가 있다."

기획을 다루는 과정에서 자주 등장하는 말입니다.
복잡한 상황 속에서 날카로운 무언가를 찾아냈을 때
쓰는 말입니다.
그러나 이 말은 그렇게 쉽게 쓸 만큼 가볍지 않습니다.

단어를 뜯어보면 이해가 됩니다.

In과 Sight가
합쳐진 단어이기 때문입니다.

'안'을 '보다'라는 아주 깊은 뜻이 들어 있습니다.

'겉'이나 '밖'을 보고 뭔가를 찾아내는 것은 어렵지 않습니다.
누구나 다 할 수 있는 일입니다.
그러나 겉으로는 보이지 않는 '안'을 들여다보는 일,
그 안에서 뭔가를 찾아낸다는 것은 좀처럼 쉬운 일이 아닙니다.

현상의 '이면'에 감추어진 핵심을 파악해 내는
남다른 관점이 있을 때,
통찰insight 이란 그럴 때 쓸 수 있는 단어입니다.

통찰의 개념은 여러 갈래로 풀이해 볼 수 있습니다.

'사물이나 현상의 특징 혹은 관계의 핵심을 꿰뚫는 것'
'어떤 행동에 대한 원인을 파악해 내는 능력'
'무엇what 이 아니라 왜why 를 보는 힘'
'누구나 아는 것이 아니라 아무도 못 보는 것을 찾아내는 것'

이런 일련의 개념을 가지고 '기획'을 다시 정의해 보겠습니다.

'기획이란
어떤 문제의 핵심을 찾아 해결 과제로 전환한 다음,
직관을 발휘해 초기 가설을 세워
조사, 분석 과정에서 이런저런 개념을 연상해
통찰력을 가지고 해법을 찾는 것'

경비원 갑질 논란이 빚어진 아파트에 사는 한 학생이
엘리베이터에 붙인 글도 화제가 되었었습니다.

"이런 일이 제가 사는 곳에서 일어나 부끄럽습니다."
"왜 이런 일이 생겼는지 잘 몰라서 너무 부끄럽습니다."

주민 대표 회의의 어른들에게도 일침을 놓습니다.
"본인의 부모님이 이런 일을 겪으면 어떨지 생각해 보시기 바랍니다."
"본인들이 얼마나 생각이 짧았는지 생각해 보시기 바랍니다."

그리고 아주 간결하고 명쾌한 해결책을 제시합니다.

"존중받고 싶으면
먼저 남을 존중하면 됩니다."

통찰력의 힘이란 바로 이런 것이 아닐까 싶습니다.
어린 학생들에게도 그렇게 배울 것이 참 많습니다.

28

"아저씨는 왜 사세요?"
"아저씨는 꿈이 뭐예요?"

참 곤혹스러운 질문입니다.
참 답하기 어려운 질문이었습니다.

이제는 분명히 답할 수 있게 되었습니다.

"저는 잘 죽기 위해서 살아요."
"75살에 아주 잘 죽는 게 목표고요."

사는 이유와 목표가 분명해지니
앞으로 무엇을 어떻게 해야 할지가 구체화되면서
또렷해졌습니다.
그런 변화가 찾아왔습니다.

NATURE; 본질

본질,
모든 일의 기본이자 중심축

지금의 제 나이 정도쯤이면
세상을 다 알고 스스로 지혜롭게 사는 줄 알았습니다.
전혀 그렇지 않더군요.

"나는 누구인가?"

사람의 한평생을 따라다니는 질문.
산다는 것에 대한 본질적인 질문.
끊임없이 답을 찾으려 하지만 좀처럼 찾기 어려운, 그런.

이 정도 나이쯤 되어서야
스스로의 정체성에 대해 조금은 깨우쳐 가는 듯합니다.
물론,
앞으로도 계속 이에 대한 질문을 하며 살아가겠지만.

정체성^{identity} .

정체성은 사물의 존재를 규정하는,
그 자체이게 하는 고유한 성질이라는 점에서
본질^{nature}이라는 단어와 뜻을 같이 합니다.

이 사업의 본질은 무엇인가?
이 일의 본질은 무엇인가?
이 문제의 본질은 무엇인가?
이 기획의 본질은 무엇인가?

이런 질문들은 생각을 단단하게 만듭니다.
본질은 모든 일의 기본이자 중심축 역할을 합니다.
사람살이에서 그런 것처럼.

지하철역에서
종종 보게 되는 성형 광고.

더 예뻐지고 싶어 하는 심리를
잘 알지는 못합니다만,
한편으로 이해는 합니다.

29

그런데 남과 달라지고 싶어서,
그래서 남과 달라진다고 해서
과연 남달라지는 걸까요?

DIFFERENTIATION; 차별

'남과 다름' 말고
'자기다움'

참 묘합니다.
남과 달라지려 할수록 달라지기는커녕, 모두 비슷해집니다.
같은 곳에서 수술을 해서일까요?
아니면 예쁜 얼굴에 어떤 일정한 기준이 있어서일까요?
외모가 다 엇비슷해집니다.

비슷한 경우도 많죠.
마을을 색다르게 꾸미기 위해 벽화가 유행처럼 번졌습니다.
경쟁적으로 벽화를 그렸습니다.
이제 어느 마을에서든 벽화를 보는 건 어려운 일이 아닙니다.
젠트리피케이션gentrification도 그런 맥락에서 볼 수 있습니다.
마을을 활성화하는 작업이 마을을 기형적으로 변화시키고,
또 다른 마을로 비슷하게 옮겨져 이루어집니다.
'먹방' 프로그램도 마찬가지입니다.
아이와 부부를 다루는 비슷한 프로그램도 넘쳐납니다.
모두 달라지려고 시작했던 일들이었지만,
시간이 지나고 나니 다르기는커녕 비슷해지고 맙니다.

차별화differentiation.
다른 것과 다르기 위한, 차이를 만들기 위한 작업들입니다.
그런데 모두 남과 다른 것을 좇다 보니
어느 순간에는 다시 엇비슷해지고 마는
악순환이 생겨 버리고 맙니다.

'차별화의 모순paradox of differentiation'입니다.

사람은 누구나 장점이 있고 단점도 있습니다.
그런데 이상하게도 남의 장점이나 나의 단점은 커 보입니다.

사실 장단점이라는 것은
서로 가진 것이 다를 뿐인데 말이지요.
단점도 남에 비해 부족한 것이라기보다는
나만이 가진 개성인데,
남보다 못하거나 부족한 것을 채우려 합니다.

남과 비교해 약점을 보완하다 보니 엇비슷해지는 겁니다.
모두 No.1이 되기 위한 게임을 하기 때문입니다.

"나의 관심사는 '나음'이나 '다름'에 있지 않다. 튀어야 한다, 달라야
한다, 차별화해야 한다고 하는데 정말 중요한 것은 현상의 차별화가
아니라 본질의 차별화다. 자기 본질을 끊임없이 되묻고 정의해야 한다."
- 최장순, 《본질의 발견》(틈새책방)

남이 못 가진, 자기만이 가진 것에 집중해
가진 것을 더 잘할 필요가 있는 분명한 이유입니다.
갖고 있는 것 그대로,
잘하는 것을 더 잘해야 할 분명한 이유입니다.

진정한 차별화는

나음이나 다름이 아니라
자기다움에 집중하는 것입니다.
그러면서 달라지는 것입니다.

진정한 차별화는

No. 1이 아니라
Only 1을 지향하는 것입니다.

진정한 차별화는

만드는 것이 아니라
만들어 가는 것이기 때문입니다.

OMG!
CONCEPT?
30

"콘셉트가 뭐야?"

참 어렵고 괴로운 질문입니다.
미치고 환장할 질문입니다.

'네 생각을 한마디로 하면 뭐야?"
라는 질문인데 그 한마디를,
한마디로 하기가 참 쉽지가 않습니다.

참 자주 쓰면서도 좀처럼
정의 내리기가 쉽지 않은 개념,
기획에서 망령처럼 붙어 다니는 단어입니다.

대체 콘셉트가 뭐길래 말입니다.

살짝 낯설고, 다르고, 힘 있게

콘셉트, 워낙 많이들 이야기합니다.
콘셉트, 많은 사례를 들어 이야기들 합니다.
까닭에, 제 경험으로 익힌 것들을 중심으로
몇 가지 층위layer에 대한 이해만 거들도록 하겠습니다.
뼈저리게 깨우친 원론적인 개념 정도만 일러드리겠습니다.

콘셉트 Concept

기획의 핵심과 본질, 어떤 문제에 대한 해법, 기획 과정 전반의
결과물을 요약한 한마디. 기획자가 의도한 개념, 어떤 단어나 이미지

제품·서비스 콘셉트 Product/Service Concept

제품 혹은 서비스에 담긴 기본 철학 제품 혹은 서비스에 담긴
차별점 혹은 특징

브랜드 콘셉트 Brand concept

제품·서비스의 핵심을 응축한 어떤 정의

커뮤니케이션 콘셉트 Communication Concept

고객·소비자에게 말하려는 것, 그 방향

크리에이티브 콘셉트 Creative Concept

고객·소비자와 공감할 수 있는 표현, 최종적인 표현물에 반영되는
핵심 개념

콘셉트는

본질을 담아내는 것.
말장난을 하거나 겉멋을 부리는 것이 아닐 것.
추상적이거나, 공허하거나, 모호하지 않게 할 것.
간결하지만 힘이 있고 직관적일 것.
살짝 낯설고 다르게 보이면서 공감이 되는 것이어야 할 것.

그러나 콘셉트.
여전히 제게는 아직도 어려운 말입니다.
30여 년을 다루었는데도.

그럼에도 콘셉트를 한마디로 정의하자면

보이지 않는 것을
보이게 만드는 것.

글씨를 쓴다는건
글자를 그림을 그리는거.

'사랑'을 쓸때면
'사랑'을 그리고

'꽃'을 쓸 땐
'꽃'을 그리는거.

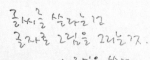

글자로
마음을 그리는거.

31 기획이란 생각을 그림으로 그리는 것

IMAGO; 심상

머릿속에
그림이 그려지는 기획

좋은 시詩를 읽으면
머릿속에 그림이 그려집니다.

좋은 콘셉트concept 는
보이지 않는 생각을 보이게 해 줍니다.

좋은 카피copy 와 이미지image 는
사진 한 장 보여 주듯 머릿속에 그림을 그려 줍니다.

심상心像:imago .

기획은 무언가를 연상해
생각을 그림으로 그리는 일입니다.

좋은 기획은
머릿속에 '그림이 그려지는'
기획입니다.

32

?

빅토르 위고가
《레미제라블》 원고를 출판사에게 넘기며 준
편지에는 한 단어만 들어 있었습니다.

물음표, 딱 한 단어.

!

원고를 검토한
출판사의 답장에도
한 단어만 들어 있었습니다.

느낌표, 딱 한 단어.

SUMMARIZING; 응축

생각의 뼈대와 골격을
단순화하기

길게 만드는 것은 어렵지 않습니다.

그러나 축약하는 것은 어렵습니다.
전체를 꿰고 있어야 가능한 일이기 때문입니다.

기획에서 설득 단계로 넘어가기 전,
반드시 필요한 것은
기획의 결과물을 한눈에 볼 수 있도록
핵심을 응축해 summarizing 내는 일입니다.

한 줄, 한 문장, 한 장에 담아
뼈대와 골격을 세우는 일입니다.

어려우세요?
이유가 있을 겁니다.

쓸데없는 군더더기가 너무 많거나
알맹이가 없는 내용뿐이거나.

33

많은 생각들을 펼쳐 놓고,
한 페이지에 모으고,
다시 기획서라는 틀 안에 펼치는 것.

기획에서 설득으로 넘어가는
모래시계의 원리.

STRUCTURING; 구조

짜임새 있는 얼개와 구조 짜기

구조화.

기획 과정에서 아주 중요한 개념입니다.
기획의 초기 단계에서는 문제의 핵심을 잘 짚고 있는가,
즉 구조적으로 생각하고 있는가structured thinking와
관련된 것이었습니다.

설득 단계로 넘어가기 전,
또 다른 구조화 작업이 필요합니다.
자기 생각과 주장의 핵심을 쉽고, 일목요연하게,
체계적으로 잘 전달할 수 있는 어떤 구조를 만드는 것입니다.
생각을 구조화한다는structuring 또 다른 의미입니다.

"기획서를 정리하자."
대개 우리는 이런 표현을 하죠.

'정리'는 생각한 것을 정리하는 것입니다.
불행하게도 '정리'는 생각을 구조화하는 데 가장 큰 방해 요인입니다.

생각을 구조화한다는 것은
기획을 통해 정리된 생각을 '재구성'하는 것입니다.

일종의 설계construction 작업과 같습니다.

생각을 구조화한다는 것은
메시지 message 와 구조 structure 라는
얼개를 세우는 일입니다.
짜임새 있는 흐름과 구도를 미리 짜는 일입니다.

기획의 끝자락,
고수 高手 와 하수 下手 의 차이가 발생하는 시점입니다.

하수는
복잡하고 어수선하게
'정리'합니다.

핵심이 뭔지 알기 어렵습니다.

고수는
심플하고 명쾌하고 분명하게
'재구성'합니다.

쉽고 군더더기가 없으며 구조화되어 있습니다.

단순함과 복잡함의 차이입니다.

생각을 어떻게 구조화해내느냐에 따라
설득 단계에 가면 차이가 점점 더 크게 벌어지게 됩니다.

3

힘 있는 설득

좋은 재료에
요리사의 솜씨가 더해져
맛있는 음식이 만들어졌다 해도
먹는 이의 감동과 행복으로 이어지기 전까지는
그저 자기만족에 불과할 뿐입니다.

그저 괜찮은 아이디어로 머물고 말 것인가,
빛나는 아이디어로 진화될 것인가는
누군가에게 생각이 전해져,
공감을 얻고 생각한 대로 이루어지느냐에 달려 있습니다.

설득은, 기술과 기교만으로는 가능하지 않습니다.
대체로 그것은 사람의 마음과 관련되어 있습니다.

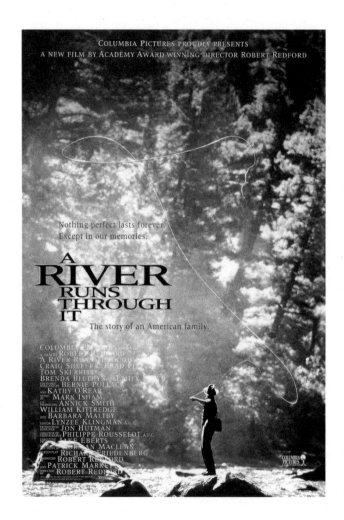

자료 출처 영화 〈흐르는 강물처럼〉

34

프레젠테이션_{presentation} 이
낚시 용어라는 게 다소 의외입니다.
플라이 낚시를 할 때
고기가 있을 만한 곳을 겨냥해서
추를 던지는 것을 뜻한다지요.

그럴 법합니다.
프레젠테이션이란
복잡한 사람의 마음을
어떻게 꿰뚫을 것인가에
집중하는 것이기 때문에.

DELIVERY; 전달

팔 것인가?
사게 할 것인가?

프레젠테이션의 또 다른 정의가 있습니다.

프레젠테이션 presentation =딜리버리 delivery

'말과 글로 생각을 전달하기 혹은 배달하기'

외국에서는 이렇게 표현을 하더군요.
흥미롭습니다.

'경쟁'이란 참 잔인한 속성을 갖고 있습니다.

같은 내용이면 목소리 큰 놈이 이기고,
같은 목소리면 목소리 다른 놈이 이기는 게임입니다.
'The winner takes it all.'
그리고 이긴 놈이 판돈을 다 가져갑니다.

그러니 자기 생각을 잘 전달하는 것 자체만으로는
의미가 없습니다.
자기가 원하는 무언가를 얻어 내는 것이
궁극적인 목표니까요.

무엇을 전달할 것인가? 어떻게 전달할 것인가?
나의 생각을 팔 것인가? 사게 할 것인가?

설득의 과정에서 곱씹어 봐야 할 질문들입니다.

MANSPLAIN

Men
Explain
Things
To Me

Rebecca Solnit

남자들은 자꾸 나를 가르치려 든다

리베카 솔닛 지음 · 김명남 옮김

창비
Changbi Publishers

자료 출처 리베카 솔닛 지음, 김명남 옮김, 《남자들은 자꾸 나를 가르치려 든다》(창비)

맨스플레인_{MANSPLAIN}.

2010년, 뉴욕타임스가 뽑은 올해의 단어였습니다.
'남자가 여자에게 무언가를 설명하고 가르치려는
태도'를 설명한 단어입니다.
단어 자체가 남자_{man}와 설명하다_{explain} 의 합성어인데,
이미 많은 뜻이 담겨 있는 듯합니다.
남자가 여자에게 거들먹거리면서 잘난 체하며
가르치려는 경향이 많은 것을 비꼰 것이죠.

가만 생각해 보세요. 남자들 대개 그렇지 않던가요?

이 단어는 설득의 단계에서 새겨 봐야 할
중요한 시사점을 던져 줍니다.

STANCE; 입장

동상이몽이니 역지사지해야

커뮤니케이션이 이루어지는 기본 구도는 이렇습니다.
어떤 특정한 목적object과 상황situation 아래,
발신자speaker와 수신자listener가 있으며,
어떤 특정한 방법channel을 가지고
자신의 주장message을 전달하는 구도입니다.

이 상황에서 발신자와 수신자는
서로 생각이, 바람이 다릅니다.

'말하는 사람'의 입장은 대개 이렇죠.
주어진 과제에 대해 고민을 많이 했다,
나름 고생이 많았다,
이건 이래야 하고 저건 저렇게 해야만 한다며
이야기를 풀어 갑니다.
자기가 하고 싶은 말만 합니다.
맨스플레인mansplain의 전형적인 모습입니다.

그러나 '듣는 사람'의 입장은 좀 다릅니다.
네가 얼마나 잘났는지,
네가 고민을 해서 뭘 했는지,
무엇을 얼마나 알고 있는지 관심 없다,
이미 내가 잘 알고 있는 것을 가르치려 하지 마라,
그래서 '문제는 뭐고 답이 뭐라는 거야' 하는 기대를 합니다.
자기가 듣고 싶은 말을 기다립니다.

한 이불을 덮고 자도 생각이 다르다는
동상이몽同床異夢이란 말처럼, 그렇게 서로는 참 다릅니다.

마케팅 용어에
인사이드아웃inside-out이라는 것이 있습니다.
제품과 판매자가 중심이 되는 관점이죠.
물건을 잘 만들면 팔린다는 사고입니다.

그에 반대되는 개념이 아웃사이드인outside-in 입니다.
시장과 고객 중심의 관점입니다.
고객이 원하고 바라는 제품을 만들어 사게 하라는 방식입니다.
커뮤니케이션 관점에서 보면
듣는 사람의 입장이 되라는 것이지요.

어떤 입장stance과 관점을 취하느냐의 문제입니다.
동상이몽同床異夢이니 역지사지易地思之하라는 것입니다.

좋은 책을 만들어 주는 것은 글 쓰는 사람이 아니라,
보고 읽고 느끼고 평가하는 독자의 몫입니다.
맛있는 음식을 완성하는 것은 요리사가 아니라,
먹고 맛보는 사람의 몫입니다.
그런 이치입니다.

그렇듯, 멋진 아이디어를 실현시키는 것은
기획자의 몫이 아닙니다.
그렇게 하면 잘될 것 같다고 함께 공감하고 확신하는
다른 누군가의 몫이기 때문입니다.

남성적인 문제 해결이나
설명이 중요한 게 아니라,
여성적인 공감과 경청이
중요한 이유입니다.

36

2018년은 평창동계올림픽의 해입니다.

올림픽은 국제올림픽위원회IOC 위원들의
투표로 개최지가 결정되는데,
우리나라는 3수 끝에 개최권을 얻어 냈습니다.

평창 프레젠테이션 당시
외국인 전문가가 디렉터로 참여합니다.
그는 유치 결정 이후 승리의 요인에 대해
생각해 봄 직한 말을 남겼습니다.

과연 뭘까요?

WHY; 신념

'무엇을' '어떻게'가 아니라

'왜'

"평창의 승리 요인은 '새로운 지평을 열겠다New Horizon'라는
메시지였습니다."
"올림픽 때 '어떻게 잘 하겠다', '우리가 경쟁력이 있다'가 중요한 게
아닙니다."
"중요한 것은 '우리는 왜 간절히 올림픽을 원하는가' 그리고 올림픽을
통해 '어떤 결과를 만들어 내겠다'라는 것을 담아 내는 것입니다."

_테렌스 번스, 동계올림픽 유치 PT 디렉터

제 경험상, 프레젠테이션 현장의 분위기는 대개 이렇습니다.
프레젠터에게 신뢰가 가는가?
어떤 메시지를 전하고 있는가?
무엇을 어떻게 하겠다는 것인가?
이런 흐름 가운데 어떤 의사 결정과 판단을 하게 됩니다.

이때 큰 이야기에 먼저 집중하게 됩니다.
말하는 사람이 이 일에, 이 문제에,
이 프로젝트에 대해 어떤 관점을 갖고 있는가
그리고 왜 그렇게 생각하고 있는가가 먼저입니다.
무엇을 어떻게 하겠다는 방법론, 작은 이야기는
그다음입니다.

방법을 파는 게 아니라
자기의 신념을 사게 하는 것.
설득의 기본 이치입니다.

37

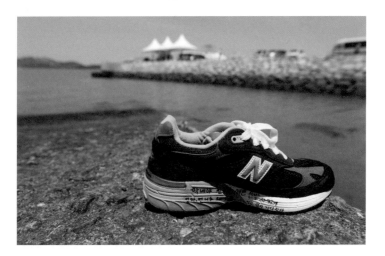

주인을 기다리는,
한 아이의 운동화.

이 세월호 유류품처럼
여전히 풀리지 않은

'4월 16일'의 진실.

사진은 무엇을 설명하지도
무엇을 설득하지도 않습니다.

그러나 아픔과 분노는
고스란히 가슴으로 파고듭니다.

SYMPATHY; 교감

끌어당길 것인가?
느끼게 할 것인가?

프레젠테이션에서 고수와 하수를 가르는 3가지 개념이 있습니다.

하수 下手,

설명 說明: explain 하는 사람.
대다수의 우리. 사실 중심으로 열심히 설명하는 사람.
열심히는 하지만 분위기가 지루해질 가능성이 높습니다.

중수 中手,

설득 說得: persuade 하려는 사람.
논리나 사례를 동원해 자기주장을 정당화하려는 사람.
대개 프레젠테이션을 '설득'이라고 정의합니다.
이 경우 '설득했다'거나 '설득당했다'는 결론에 이릅니다.
하지만 설득당하는 쪽에서는 기분이 썩 좋지 않죠.

고수 高手,

공감 共感: sympathy 혹은 교감 交感 을 이루려는 사람.
같은 감정을 갖게 하고, 같은 생각을 나누게 됩니다.
'나도 그렇게 생각해 I think so'라는 마음이 생겨납니다.
고개를 끄덕이게 합니다.

설명과 설득은 '힘'의 싸움입니다.

공감과 교감은
'마음'의 싸움입니다.

설득은
'당했다'는 감정과 가깝습니다.

공감은
'느꼈다'는 감정과 가깝습니다.

그러니

설득을 잘하려면
설득하려 하지 마세요.

38

"완벽하다는 건 더 보탤 게 없는 게 아니라
더 이상 뺄 것이 없는 상태다."

생떽쥐베리의 《어린 왕자》에 나오는 말입니다.

그런데 대개 우리는 이 말과는 다르게,
좀 더 완벽하게 하기 위해서
무언가를 자꾸 더하려 합니다.

착각입니다.

POINT; 핵심

단 하나에 집중하는
'뺄셈'의 게임

경쟁 상황의 특성이 있습니다.
대개 엇비슷한 내용을 다루게 되는데
여기에서의 승패는 누가 더 분명한 메시지를 전하느냐,
얼마나 깊은 인상을 남기느냐에 따라 갈리는 경우가 많습니다.

그러니까 경쟁은

내가 무엇을 말했느냐가
중요한 싸움이 아닙니다.
상대방이 무엇을 듣고 기억하고
있느냐의 싸움인 것입니다.

종종 평가하는 입장에 서게 됩니다.
그럴 때 발표를 듣고 제일 먼저 하는 질문이 있습니다.
"그래서 하고 싶은 이야기의 핵심이 뭐죠?"

대개는 답을 잘 못하거나 말이 많아집니다.
왜 그럴까요?
크게 두 가지 이유가 있을 겁니다.

먼저 생각이 너무 많은 경우입니다.
상대를 너무 배려합니다.
그러니까 일단 생각이 많아집니다.
친절하게 여러 아이디어를 백화점식으로 나열합니다.
좀 더 잘하고 싶으니까 말이 많아지고 길어집니다.
욕심이 많으니 술 취한 사람처럼 갈지자로 왔다 갔다 합니다.

다음, 생각이 없는 경우일 겁니다.
하고픈 말이 분명하지 않은 겁니다.
그러니 크고 작은 이야기들이 뒤엉켜 있기 십상입니다.

반면 이야기가 팍팍 꽂히는 사람이 있죠.
심플하고 군더더기 없이 주장이 분명합니다.
많은 말을 하는 게 아니라, 하고 싶은 말을 분명하게 합니다.

'완벽함이란
더 이상 뺄 것이 없는 것'

분명한 하나one의 메시지에 집중하고 있기 때문입니다.

어느 영화의 대사처럼, 아무리 많은 사람과 싸우더라도 결국 한 놈만
분명히 패는 싸움을 하면 승산이 있는 법입니다.

법정 스님이 쓰신 책《무소유無所有》.
아무것도 갖지 말라는 의미가 아니라,
불필요한 것을 소유하지 말라는 뜻입니다.

옛날 인도에 목각 장인이 있었답니다.
"코끼리 목각 인형을 어떻게 그리도 잘 깎습니까?"
라는 질문에, 대개 이런 답변을 예상하기 쉽습니다.
"밑그림을 그리고 선을 따라 코끼리 모양으로 파냅니다."

같은 말인데도, 장인의 답변은 좀 다릅니다.
"밑그림을 그려 놓고 코끼리가 아닌 부분을 파내 버립니다."

본질과 핵심만 남기는 작업입니다.
꼭 필요한 것만 남기는 작업입니다.
불필요한 것, 곁가지를 쳐내고 버리는 '뺄셈'의 작업입니다.

그렇게 솎아 내고 끊임없이 버리면 단단해집니다.

하나의 메시지에 집중한다는 것은 그런 의미입니다.

단 하나의 음식만 하는 곳이 진짜 맛집인 것처럼.

"세상 모든 여행은 모든 이에게 평등하다."

39

이런 노랫말이 있죠.

'A picture paints thousand words.'

공감과 교감은 많은 이야기를 할 때보다
한 줄, 한 장에 담길 때 더 힘이 실립니다.

자료 출처 장애인 여행 전문 기업 '제주 두리함께'

IMPRINT; 인상

말없이, 힘 있게
그래서 깊게

우리는 일상에서 늘 여행을 꿈꿉니다.

그런데 지체장애인들의 여행에 대해서는 생각해 본 적 있나요?
상상 이상으로 비장애인의 그것과는 차별과 차이가 많습니다.

여기 한 장의 사진과 한 줄의 글.

장애인이든 비장애인이든 구분 없이
저마다 여행을 즐기고 있습니다.
편견 어린 어떤 시선도, 생각도 보이지 않습니다.

'세상 모든 여행은 모든 이에게 평등하다'는 가치.
'누구나 차별 없이 여행할 수 있는 문화'.

한 장의 사진과 글은 그렇게
깊은 인상^{imprint}을 주고 있습니다.

긴 이야기와 설명을 하지 않더라도
이미 그 안에 깊은 이야기가
담겨 있기 때문입니다.

깊은 공감과 교감을 이루는 힘이란 이런 게 아닐까 싶습니다.

40

모차르트는 친구의 딸과
함께 연주하기 위해서
'두 대의 피아노를 위한
소나타'라는 곡을 만듭니다.

하나의 곡으로 두 사람이
함께 피아노를 연주하며
멋진 화음을 빚어 내는 곡으로
잘 알려져 있습니다.

소나타는
몇 개의 악장으로 이루어진
클래식 곡 형식의 하나입니다.
클래식이 아무래도
좀 지루할 수가 있어서 구성과
속도에 변화를 준 것이지요.
짜임새에 따라 곡이 주는 감동이
달라지는 이치입니다.

음악처럼,
생각도 어떻게 짜임새 있게
풀어 내느냐에 따라
받아들이는 감정이 달라집니다.

CONTEXT; 맥락

짜임새 있는 흐름과 배합

사람들은 막장 드라마를 좋아합니다.
욕을 하면서도 봅니다.
드라마는 속이 불편해야 재미있기 때문입니다.

반면 아름답고 따뜻한 이야기만 있는 드라마,
갈등이나 아픔이 없는 착한 드라마는
시청률이 낮은 경우가 많습니다.

긴장, 몰입, 반전, 유머, 클라이맥스…
이런 요소들이 얼마나 짜임새 있게 배합되어 있는가의 차이겠지요.

"시나리오 작가가 되어라."

프레젠테이션 원고를 만들 때 많이들 하는 말입니다.
드라마처럼 적절하게 구성을 잘해야 한다는 의미겠지요.

프레젠테이션에 있어서 7:43:50의 법칙이란 게 있습니다.

내용이 7, 구성이 43, 프레젠터가 50,
각각 그런 비율로 중요하다는 이야기입니다.
내용은 엇비슷한 경우가 많으니
내용보다는 발표자가 어떻게 구성해서 이야기를 풀어내느냐가
관건이라는 겁니다.

주제나 메시지를 전달하기 위한 큰 '틀',
그 틀 안에서 흐름을 만드는 '구조',
표현을 어떻게 할 것인가 하는 '뼈대',
이런 구도와 밑그림을 설계하며 살을 붙이는
구성 작업의 중요성을 수치적으로 비유한 것입니다.

이것이 곧
맥락context 을 구성한다는 의미입니다.

기획 단계의 말미에서 구조화structuring 한 것을 설득의 형태로 재설계re—structuring 하면서 풀어내는 작업이죠.

쉽게 풀어서 말씀을 드리자면,

"어떻게 시작해야 상대방을 잡아채 주목시킬 수 있을까?"
"본론에 들어가서는 어떻게 몰입시킬 수 있을까?"
"마무리하면서는 어떻게, 어떤 인상을 선명하게 남길 것인가?"

맥락을 잡는다는 것은 그런 것입니다.
짜임새 있게 흐름을 짜고 배합하는 것이지요.

41

영화 〈변호인〉을 보면,
책을 읽고 토론했다는 이유로 학생들이 잡혀 갑니다.
고문을 받은 학생들은 거짓 진술서를 쓰게 되고
국가보안법 위반 명목으로 재판을 받게 됩니다.

변호인은 외칩니다.
"이 사건은 유죄냐, 무죄냐의 문제가 아니다.
고문에 의한 공권력 조작의 문제다!"

변호인은 그렇게 치열한 논리 싸움을 거치면서,
설득과 토론의 수 싸움을 해 나가면서,
사실과 진실을 오가며 사건의 본질에 다가갑니다.

LOGOS; 논리

무엇보다
말은 말이 되고 볼 일

기획과 토론 혹은 설득.
논리적인 관점에서 풀어 보겠습니다.

논리란?
크게 전제와 논거 그리고 주장으로 구성됩니다.

전제 前提:premise 는
그 사람이 어떤 관점과 가치관을 가지고
세상을 바라보고 있느냐 하는 것입니다.

논거 論據:argumentum 란
그 사람의 주장을 뒷받침하는 이유나 근거를 의미합니다.

주장 主張:assertion 이란
말 그대로 그 사람이 어떤 관점으로 바라봐서
어떤 근거를 가지고 내린 결론을 뜻합니다.

논리란
한마디로 '말이 말이 되는가'에 대한 것입니다.

쉽게 생각하면
결론은 무엇인가? 근거는 있는가?
충분한가? 정당한가?
전반적인 주장과 근거는 현실성이 있는가?
결론을 이끌어 내는 과정이 합리적인가?
보편적으로 동의할 수 있는 것인가?

기획은?
논리학 방법론에서 볼 때 '연역적 귀납'의 방식입니다.

연역 deduction 은 필연적이고 논리적인 결론을 다룹니다.
일반적으로 알고 있는 사실을 전제로 두고 판단하는 방법론입니다.
어떤 결론부터 정의하고 '참'인지 아닌지를 검증해 나가는
논리학 방법론입니다.

귀납 induction 은 개연적이고 보편적인 결론을 다룹니다.
분석하고, 현상을 관찰하고, 경험을 통해서 결론을 찾아가는
방식입니다.
초기 가설 중심의 기획은 연역의 축에 가깝고,
가설을 검증하면서 해법을 찾아가는 전 과정은
귀납의 축에 가깝습니다.

기획은
연역과 귀납을 오가며
논리적으로 단단하게 만드는
작업입니다.

토론 혹은 설득이란?

토론이란
논리의 구조를 가지고 기획에 대한 서로의 생각을 나누는
대화입니다.
상대방의 말에서 설득력을 찾아내고 제거해 나가는 한편,
허약한 부분을 공격하면서
자기의 설득력을 높여 나가는 게임입니다.

설득에서 '논리logic'는 필요조건입니다.
'논리적이다'라는 것은 결국
'설득력이 있다'라는 말과 같기 때문입니다.

그렇듯 설득이든, 토론이든 논리는 '기본'입니다.
말은 일단 말이 되고 봐야 하니까요.

그러나
논리는 설득의 필요조건이지만
충분조건은 되지 못합니다.

42

"제 수치는 3,114입니다."

대개의 미인 선발 대회에서는
자기를 소개할 때 34-24-34 식의
몸 사이즈를 말하곤 하는데
페루 미인 대회는 좀 남달랐습니다.

"제 수치는 3,114입니다.
최근 3년간 인신매매를 당한 여성 숫자입니다."
"제 수치는 70입니다.
페루 여성 70%가 길거리 성희롱 피해자입니다."

성폭력과 관련된 통계 수치를
가지고 소개를 합니다.
외모 중심의 성 상품화 논란이 많은
미인 대회가 성폭력의 실태를 알리고
인권 문제에 대해 생각하는 계기를 만들어 줍니다.

그렇듯, 이성을 움직이는 것과
감성을 움직이는 것은
종종 다른 차원과 방법의 일입니다.

RHETORIC; 수사

에둘러 빗대면 쉬운 이치

"글 잘 쓰는 방법은 뭘까?"
"말 잘 하려면 어떻게 해야 할까?"
어느 누구에게나 다 고민거리입니다.

그럴 때 자주 거론되는 것이 수사修辭:rhetoric 입니다.
논리학이 합리적이고 보편적인 논거를 다루는 방법론이라면,
수사학은
말과 글에 힘을 더하는 효과적인 화법話法에 중심을 둡니다.

논리학이 나의 이야기에 설득력을 더하는
자기중심적인 방법론이라면,
수사학은 나의 이야기를 듣는 상대방의 설득을 위한
타인 중심적인 방법론입니다.

"누군가를 설득하려면 에토스ethos, 로고스logos, 파토스pathos가 필요하다.
인간적으로 신뢰할 수 있는가 하는 '에토스',
논리적으로 적합한가 하는 '로고스',
감성적인 호소력이 있는가 하는 '파토스'와 같은 요소가
적절하게 조화를 이루어야 한다."

"중요성으로 보자면, 에토스:로고스:파토스는 60:10:30 정도로 볼 수
있다."

_아리스토텔레스

여기에서 파토스의 개념이 곧 수사학입니다.
수사는 머리가 아니라 마음을 움직이는 방법론입니다.
수사학에는 여러 가지 방법이 있는데
대표적인 것이 예증법입니다.

예증법例證法이란
말 뜻대로 예를 들어 증명하는 것입니다.
자신의 주장을 합리적이고 보편적으로 만들기 위해
잘 알려진 사실을 예로 들고
그것을 통해 유추해서 주장을 풀어 가는 방법입니다.

사람들에게 잘 알려지고, 잘 알 만한 무언가에 빗대어
자신이 하고자 하는 이야기를 에둘러 전하면
이해가 쉽다는 것이지요.

적절한 예시example를 들거나
은유 혹은 비유metaphor 법, 대조법antithesis
등을 활용하는 방식
그리고 유명 문구를 뜻하는 아포리즘aphorism 등을
잘 구사하면 효과적이라는 것입니다.

하드hard 적인 사고부터 소프트soft 적인 사고로
생각의 축을 이동시키면
수사적인 역량을 키우는 데 도움이 됩니다.

논리logic 보다는 비유metaphor 로,
분명한exact 것으로부터 유사한approximate 것으로,
정확한direct 것으로부터 모순된paradox 것으로,
분석analysis 으로부터 직관hunch 으로,
특정한specific 사고에서 일반적인generalization 사고로,
어른 같은parent 에서 아이처럼child 으로.

소비자의 마음을 움직이는 광고,
대중을 사로잡는 영화 혹은 음악,
사람들을 감동시킨 여러 말과 글,
세상을 흔드는 정치,
그 모든 구석구석에는 수사의 이치가 숨어 있습니다.

논리는 이성을 자극하지만
수사는 감성을 자극합니다.
논리는 설득을 이끌고
수사는 공감 혹은 교감에 이르게 합니다.

논리는 설득의 필요 조건이지만 필요충분조건은 아닙니다.
수사는 설득의 필요조건은 아니지만 필요충분조건입니다.

단, 경계해야 할 것이 있습니다.
팩트fact 없이, 근거 없이 감정선에 의존하는 것.

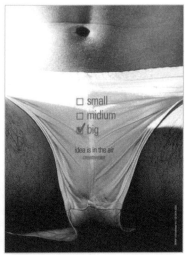

43

기업 PR은 대개 자기가 하는 일,
잘하는 일을 열심히 하겠다는 메시지를 담습니다.

어떤 광고 회사의 기업 PR입니다.

"다 보여 주겠다."
"빅 아이디어를 만들겠다."
"잊히지 않는 아이디어를 만들겠다."

섹슈얼sexual 코드를 끌고 와서
같은 이야기를 다르게 표현하고 있습니다.
어때요?
맛이 좀 다르지 않나요?

PLOT; 구성

담는 그릇에 따라
맛도 달라지는 법

영화 연출 기법에 '미장센'과 '몽타쥬'라는 것이 있습니다.

미장센miseenscene은
한 화면 안에 메시지와 영상미를 강조하는 방법입니다.
아무래도 정靜적이죠.

몽타쥬montage는 스토리 위주로 여러 화면을 편집해서
담는 방법입니다.
동動적이고 리드미컬합니다.

맥락context을 구성한다는 것은
몽타쥬 형식을 취하는 것에 가깝습니다.
어떤 형태로든 이야기 구조를 짜는 것인데,
이때 유효한 방법 중의 하나가
'어떤 틀framework에 담아 구성plot을 할 것인가'입니다.

자기 생각을 잘 전달할 수 있는 어떤 구조를 차용해서
이야기를 끌고 가는 큰 줄기로 삼는 것입니다.
우리가 쉽게 접할 수 있고 흥미를 가질 만한 주변의 소재를 끌어오는 것이지요.

음식으로 보자면 담아 내는 그릇에 따라
맛이 달라지는 이치에 비유할 수 있습니다.

같은 이야기라도 어떤 틀에 담아 내느냐에 따라
설득력의 크기가 달라지기 때문입니다.

내용뿐만 아니라 형식도 중요하다는 의미입니다.

44

돌아가신 신영복 선생님의 책
《감옥으로부터의 사색》에 나오는
'집 짓는 목수'에 대한 이야기입니다.

"함께 수감되어 있는 노인 목수가 그리는
집 그림은 충격이었습니다.
우리는 집을 그릴 때 대개 지붕부터 그립니다.
목수의 그림은 그 반대였습니다.
먼저 주춧돌을 그린 다음 기둥,
서까래를 거쳐 지붕을 맨 나중에 그렸습니다.
그가 집을 그리는 순서는 집을 짓는 순서였습니다.
일하는 사람의 그림이었습니다."

머리로만 하는 생각과 몸으로 하는 일은
다를 수 있음을
아주 따끔하게 일러주고 있습니다.

CONTI; 콘티

아날로그로 그리는
생각의 설계도

건축가는 집을 짓기 위해 설계도 blueprint 를 그립니다.
영상 감독은 촬영을 위해 콘티 continuity 를 그립니다.
광고하는 사람은 생각을 보이게 하는 썸네일 thumbnail 을 그립니다.
모두 보이지 않는 생각을 보여 주는 작업입니다.
무언가를 만들기 위해 생각의 밑그림을 그리는 일입니다.

생각에도 밑그림이 필요합니다.
기획서에 표현될 내용을 미리 그려 보는 작업입니다.

"나는 프레젠테이션을 준비할 때 펜을 들고 스토리보드 storyboard 에
생각을 쓰고 그려 가면서 준비하는 데 많은 시간을 쏟는다."
_스티브 잡스의 프레젠테이션 10계명 가운데 1번

왜 그런 경험들 많으시지요?
생각을 담아 내기 위해 컴퓨터에 앉았지만
생각이 뒤죽박죽 엉켜서 헤매곤 했던.

그러니까 그의 화려한 겉모습을 부러워할 일이 아닙니다.
그가 손으로 미리 그려 보면서
논리적으로 단단한지, 메시지는 분명한지, 잘 담겨 있는지,
이해가 쉬운지, 드라마틱한지 등등을
얼마나 치열하게 준비했나에 주목해야 할 이유입니다.

아날로그 analogue 방식으로
생각의 콘티 conti 를 미리 그려 보세요.

잘 설득하기 위해서는
목수 노인처럼 기초부터 단단하게 다질 일입니다.

45

해 뜨는 모습을 바라보다가
이런 생각을 해 봅니다.

붉게 떠오르는 해는
짙은 어둠이 있기 때문에
더 밝을 수 있는 게 아닐까?

세상의 이치도 그런 게 아닐까?
빛나는 주연 뒤에는
그를 빛나게 해 주는
조연이 반드시 있다는 그런 이치.

ARTWORK; 아트

잘생긴 떡이
먹기에도 좋은 법

드라마에서 주인공만 잘하면 될까요?
그렇진 않겠죠.
서로 다른 역할을 하는 배우들이 조화를 잘 이뤄야 할 겁니다.

프레젠테이션에서 프레젠터만 잘하면 될까요?
그렇긴 합니다. 그러나 역시 여러 요소들의 조화는 매우 중요합니다.
프레젠테이션 현장은 텔레비전에서 뉴스를 보는 상황과 비슷합니다.
화면의 이미지와 글을 배경으로 해서
어떤 메시지를 말로 전하고 있다는 점에서 그러합니다.
드라마로 치자면,
프레젠터는 주인공, 화면은 조연 역할을 하는 겁니다.

프레젠테이션에 있어서 조연의 역할은 어떤 것이어야 할까요?

전 디자이너는 아닙니다.
그런데 일을 해 오면서 조연을 다루는 일에 대해 깨우친 것이 있습니다.

"버리고 줄이고 단순화하기."
"여백을 두려워하지 말기."
"하나 혹은 둘. 색깔이든 서체든."
"남으로부터 배울 것."
"예쁘지 않아도 된다. 진솔하면 된다."
"어떤 경우든 하고픈 이야기의 본질과 맥을 같이할 것."

조연의 아트워크 artwork 는
주연을 더욱 빛나게 해 줍니다.

잘생긴 떡이 먹기에도, 보기에도 좋은 법이니까요.

46

덩샤오핑 Deng Xiaoping

중국 인민이 잘 살 수 있다면
공산주의든 자본주의든 상관없다는 생각으로
1980년대, 대대적인 개혁 개방 정책을 추진하며
시장 자본주의를 도입한 중국 지도자의 사상.

흑묘백묘 黑猫白猫.

"검은 고양이든
흰 고양이든 쥐만 잘 잡으면 된다."

그 공과 功過 가 어떻든
오늘날 제2의 경제대국으로 성장한 중국.
원하는 것을 이루는 데에는 정해진 것도,
정답도 없다는 것이 정답이 아닌가 싶습니다.

어쩌면 세상의 모든 일이란.

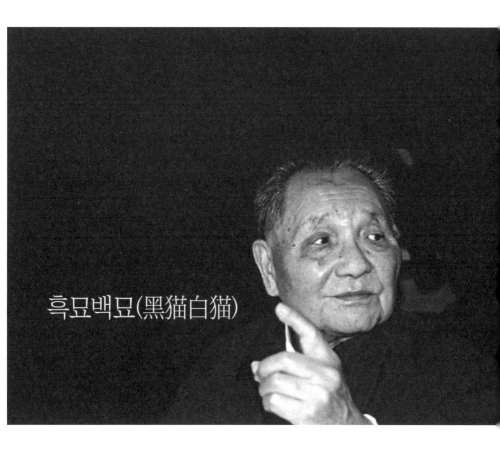

흑묘백묘(黑猫白猫)

STYLE; 개성

길은 아무 데도 없고,
어디에도 있다

인생에 정답이 있나요?
순간순간 자신이 한 선택을
최선의 정답으로 만들어 가는 것일 뿐.

설득에 정답이 있나요?
도무지 알 수 없는 사람의 마음을 다루기 때문입니다.
상황과 목적이 다 다를 것이기 때문입니다.
사람의 스타일도 다 다르기 때문입니다.

"설득에서는 내용보다는 사람, 말과 글보다는 사람이 주는 이미지와
신뢰가 더 영향이 크다."
_미국의 심리학자 앨버트 메라비언

사람이 저마다 다르듯, 방법도 다 다를 수밖에 없습니다.
그런데 설득이 어렵게 느껴지는 이유는 뭘까요?

'어떻게 잘할 것인가'에
신경 쓰기 때문입니다.
'무엇을 말할 것인가'에만 집중하면
좀 달라집니다.

산을 오르는 길도 여러 갈래입니다.
길은 아무 데도 없지만, 어디에도 있습니다.

자기만의 스타일 style 대로
스스로 정답을 만들어 가면 될 일입니다.

47

생전의 법정 스님은
여러 사람들에게 많은 위로를 주셨습니다.

스님은 사실 말이 많지 않으셨습니다.
상대방의 눈을 지긋이 바라보며
그저 이야기를 잘 들어 주셨습니다.

그러곤 한두 마디 말을 건네죠.
상대방에게 놀랍도록 집중하고 계셨던 겁니다.

'입'이 아니라 '귀'로 위로를 주셨던 겁니다.

LISTEN; 경청

설득의 힘은
'말함'이 아니라 '들음'

설득, 말 많고 말을 잘하면 잘할 수 있는 걸까요?
왜 귀와 눈은 둘이지만 입은 하나일까요?
어쩌면, 설득의 힘이란 사람의 '말'이 아니라
'경청과 침묵'에서 오는 게 아닐까 싶습니다.
설득과 대화는 수사학이 아닌 심리학에 가깝기 때문입니다.

경청과 토론을 잘하는 사람으로 손석희 아나운서를 꼽습니다.
말도 잘합니다만, 말만 잘해서가 아닙니다.
그가 토론을 이끌어 가는 과정을 잘 살펴보면 일종의 패턴이 있습니다.

어떤 질문을 던집니다.
답을 이끌어내고 잘 듣습니다. 아주 잘.
들으면서 논지論旨를 파악합니다.
답변을 정리합니다. 그리고 반론을 하며 질문을 던집니다.
이런 과정을 반복하면서 어떤 결론에 이릅니다.
잘 듣고 핵심을 파악하는 능력이 뛰어난 겁니다.

우스갯소리지만, 잘 짖는 개를 좋은 개라 하지 않습니다.
말 많고 말 잘하는 사람을
좋은 사람이라 부를 수 없는 이유입니다.

말 잘하는 사람은 사람을 모읍니다.
그러나 말을 잘 듣는 사람에게는 사람이 모입니다.

설득의 힘은 '말함'에 있지 않고 '들음'에 있습니다.
'입'이 열린 사람보다 '귀'가 열린 사람의 힘이 강합니다.

사람의 '말'보다는 '사람의 됨됨이'에서
설득의 힘은 비롯됩니다.

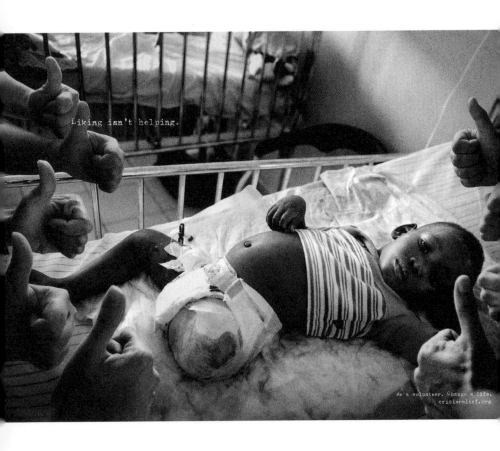

48

세계 곳곳에 도움의 손길이
필요한 곳이 많습니다.
소위 마케터들은 SNS를 활용해
많은 팔로워들을 끌어 모으기 위한
아이디어를 만들어 냅니다.

"Liking is not Helping. Be a Volunteer."
"'좋아요'는 도움이 되지 않습니다.
자원봉사자가 되어 주세요."

이 NGO의 광고는
'마음'으로 하는 공감이 아니라
'행동'으로 실질적인 도움이 되어 달라고
호소하고 있습니다.
생각이 아니라 행동으로.

DO; 실행

생각을 행동으로,
아는 것을 하는 것으로

인생에 있어 '성공'의 반대말은 뭘까요?
어쩌면 '실패'가 아니라, '포기'일지도 모릅니다.
하지 않아서 후회되는 게 더 많기 때문일 겁니다.

살면서 우리는 '나중에'라는 말을 알게 모르게 참 많이도 내뱉습니다.
나중으로 미룬 일들은 대개 나중이 되어도 또 다른 나중에게 밀립니다.

결국, 지금 하지 않으면 그 나중은 오지 않습니다.
어쩌면 우리에게 '나중에'라는 시간은 없는지도 모릅니다.

아이디어에도 '나중에'라는 시간은 없습니다.
아이디어는 '지금, 해 보는' 것입니다.
되든 안 되든 해 보는ᵈᵒ 것입니다.

'해 볼까'에 머물면 아직까지 그것은
그저 괜찮은 상상想像이나 공상空想에 지나지 않습니다.

맛있는 음식을 누군가 맛있게 먹기 전까지는,
머릿속에 제 아무리 빛나는 아이디어가 있더라도
실제로 세상을 변화시켜 나가기 전까지는
그 어떤 존재의 이유를 갖지 못하는 것처럼.

결국 세상 모든 아이디어의 본질은 '생각'을 '행동'으로 변환시키는 것,
'아는' 것을 '하는' 것으로 만들어 내는 것입니다.

그럴 때만이
아이디어는 아이디어로서 존재 가치가 있습니다.

20대의 카사노바. **자료 출처** 위키피디아

49

어떤 남자가 바람둥이일까요?

진짜 바람둥이는 얼굴하고
별로 상관이 없습니다.
여자의 특성을 잘 꿰고 있는 남자들이
진짜 바람둥이죠.

일단 여자한테 최선을 다하고
작은 장점도 칭찬해 주면서
이렇게 저렇게 화기애애한 분위기를
만들어 주는 것,
그게 비결이라면 비결일 겁니다.

PLAYBOY; 사람

스티브 잡스가 아니라
플레이보이처럼

프레젠테이션.
모두 '스티브 잡스'를 따라 하려고 합니다.

천만에요.
제가 보기엔 그럴 필요가 전혀 없습니다.
그의 상황과 우리의 상황은 다르기 때문입니다.

좀 다른 롤 모델role model을 추천 드리려 합니다.

제가 썼던 책《사람의 마음을 움직이는 프레젠테이션》의 부제는
'플레이보이처럼 프레젠테이션 하라'였습니다.

'플레이보이playboy'의 사전적 정의는 '바람둥이'입니다.
다른 의미도 함께 있습니다.
'놀기를 좋아하는 사람'
'여자에게 잘하는 사람'
'여자를 잘 다루는 사람'
'바람둥이'와는 상당히 다른 느낌입니다.

이를 나름대로 재해석해 보았습니다.
'플레이보이는 틀 밖에서 자유롭게 생각하는 사람'
'플레이보이는 사람에 대한 관심과 이해가 깊은 사람'
'플레이보이는 사람의 마음을 잘 읽고 헤아리는 사람'

남다른 생각, 기획, 설득의 이치와 잘 잇닿아 있다고 생각합니다.

"사랑하면 알게 되고 알면 보이나니, 그때 보이는 것은 전과 같지
않으리라."
_ 유홍준, 《나의 문화유산답사기》(창비)

"서로 다름을 인정해야 해요. 서로 다르기 때문에 남자는 여자를,
여자는 남자를 이해하는 게 인간을 가장 깊이 이해하는 길이 돼요. …
만화책을 많이 읽은 사람일수록 아이디어가 좋고, 연애를 많이 해 본
만큼 아이디어가 좋아요. 예를 들어 여자를 한 100명 정도 사귄 사람들은
아이디어가 무척 좋아요. 왜냐하면 그 까다로운 여성분들을 다 만나고
별의별 유형들을 다 만나 봤으니 사람의 마음을 잘 아는 거죠."
_ 남충식, 《대학생이 묻고 광고인이 답하다》 인터뷰에서

플레이보이,
플레이걸이
되시기 바랍니다.

사람을 많이 만나고 많이 사랑하시기 바랍니다.
사람에 대한 사랑이 깊을수록 생각도 깊어집니다.

YUNMI'S ALBUM _ FROM THE CRADLE TO THE WEDDING
PHOTOGRAPHED BY DADDY, JEON MONG GAG

PHOTONET

자료 출처 전몽각 지음, 사진집 《윤미네 집》(포토넷출판사)

50

아이가 태어나서 시집갈 때까지
틈틈이 찍은
아빠의 낡은 흑백 사진들.

스튜디오 사진처럼 화려하지 않고
특별한 사진 기술도 보이지 않습니다.

그럼에도 가족에 대한 깊은 사랑이
고스란히 전해져 옵니다.

진정한 마음이 담기면
사람의 마음도 따라서 움직입니다.

TRUTH; 진심

그 어느 것도 진정성을 이기지 못한다

신선한 생각,
남다른 기획,
힘 있는 설득.

원리를 이해하고 방법을 익혀서 훈련하고 계발하면
누구나 다 잘할 수 있는 일입니다.

그러나 정말로 중요한 것은 진심이 담긴 마음,
진정성 authenticity 이라고 믿습니다.

말 잘하고 똑똑한 사람은
마음씨가 바르고 고운 사람을 종종 이기지만,
끝내는 이기지 못합니다.

살아온 세월이 제게 그렇게 일깨워 주었습니다.

다시, 생각의 역설

모든 위대함에는
단순함, 선함, 진심이 있다

음식 그리고 사람의 자격

'웨이터 테스트 waiter test'라는 말이 있습니다.

외국에서는 상대방이 비즈니스 파트너로서 적절한지 아닌지를
판단할 때,
그가 레스토랑에서 웨이터를 대하는 태도를 본다고 합니다.
믿을 수 있는 사람인지 아닌지를 살피는 것입니다.

음식점이라는 자리에서는
아무래도 돈을 내고 먹는 손님이 상대적으로 우위에 있는 게
사실입니다.
그런데 자리의 높낮이가 사람의 높낮이인 양
착각하는 사람들이 많습니다.
웨이터에게 반말을 하면서 무례하게 대하는 사람들이
적지 않습니다.

음식점이라는 자리를 빌려
그 사람의 '됨됨이'를 살피는 것입니다.

이런 생각을 해 봅니다.
음식을 먹는 사람에게도 어떤 '자격'이 필요한 건 아닐까?

생각 그리고 사람의 자격

종종 프레젠테이션 심사를 하게 됩니다.
한 대기업에서의 경험입니다.

한 친구의 발표는 아주 뛰어났습니다.
주제에 대한 해석, 구성력, 아나운서 뺨치는 발표력까지.
어떤 한 친구는 전반적으로 뒤쳐지는 발표를 했습니다.
목소리도 작고, 말도 좀 어눌한 편이어서
발표력 측면에서만 보면 영 아니었습니다.
그런데도 오히려 더 집중이 되었습니다.

뒤의 친구에게 더 높은 점수를 주었습니다.
뒤의 친구는 다른 사람에게서 느낄 수 없던 것을 갖고 있었습니다.
진지하게 주제를 대하는 태도였습니다.

앞의 친구가 항의를 하더군요.
"대체 기준이 뭔가요?"
그래서 설명을 해 줬지만 수긍하지는 못하는 것 같더군요.

이런 생각이 들었습니다.
사람이 생각을 만드는 데에도 어떤 '자격'이라는 게 필요하지 않을까?

생각의 정설을 다시 뒤집는
생각의 역설

아이디어토피카ideatopica는 필요합니다.
스스로 생각하는 힘을 기르는 데 도움이 되어 줄 것이기 때문입니다.
그러나 이는 생각의 정설에 다가가는 하나의 방식일 따름입니다.

동시에 거부되어야 할 대상이기도 합니다.
그대로 좇아 하면 자기만의 방식은 만들어지지 않기 때문입니다.

그리고 아무리 좋은 재료와 기술이 있더라도
그것을 대하는 마음가짐이나 태도가 바르지 못하면
과연 의미를 가질 수 있을까를 곱씹어 봅니다.

음식을 만들고 먹는 사람에게,
생각을 만들고 다루는 사람에게
어떤 자격이 있다고 하면
저는 무엇보다도 사람의 '됨됨이'가 아닌가 싶습니다.

좋은 생각은
좋음 '품성品性'과 바른 '인성人性'을 가진,
'사람 됨됨이'가 된 사람들에게서
더 많이, 제대로 나오는 것임을
절실하게 느꼈기 때문입니다.

생각의 정설을 뒤집는,
생각의 역설을 생각해 봐야 할 이유입니다.

"생각하는 힘, 그 본질은 무엇일까?"

그런 질문을 던지면서
글을 마칩니다.

"모든 위대함에는
단순함,
선함,
진심이 있다."

-톨스토이-

인용과 관련해 출처를 찾을 수 없거나 연락을 시도했으나
원저작자와 연락이 닿지 않은 경우가 있었습니다.
출판사로 연락 주시면 상의 후 조정하겠습니다.

아이디어토피카

초판 1쇄 발행   2018년 2월 7일

글쓴이 이경모, 김한주
펴낸이 오세룡
기획 · 편집 이연희, 정선경, 박성화, 손미숙
취재 · 기획 최은영
디자인 조성미(road0208@naver.com)
       고혜정, 김효선, 장혜정
홍보 · 마케팅 이주하
펴낸 곳 수류책방
       서울특별시 종로구 사직로8길 34 (내수동) 경희궁의 아침 3단지 926호
       대표전화 02) 765–1251 전송 02) 764–1251
       전자우편 suryubooks@hanmail.net
       출판등록 제2014–000052호

ISBN 979–11–952794–2–5 (03320)

정가 15,800원

이 도서의 국립중앙도서관 출판예정도서목록(CIP)은 서지정보유통지원시스템 홈페이지
(http://seoji.nl.go.kr)와 국가자료공동목록시스템(http://www.nl.go.kr/kolisnet)에서 이
용하실 수 있습니다.(CIP제어번호: CIP2018001169)

수류책방은 담앤북스의 인문 · 교양 브랜드입니다.